PENSÉES
QUOTIDIENNES

Éditions Prosveta S.A. - B.P.12 - 83601 Fréjus Cedex (France)
ISBN 2-85566-910-3

Omraam Mikhaël Aïvanhov

PENSÉES QUOTIDIENNES

2006

PROSVETA

« Chaque matin, avant d'entreprendre quoi que ce soit, recueillez-vous un moment afin d'introduire en vous la paix et l'harmonie, et de vous lier au Créateur en Lui consacrant, par la prière et la méditation, cette journée qui commence.

L'essentiel, c'est le commencement. C'est là, au commencement, que les forces nouvelles se déclenchent et s'orientent. Pour agir correctement, il faut toujours commencer par chercher la lumière. Quand il fait nuit, vous ne vous précipitez pas dans l'obscurité pour aller prendre un objet ou commencer un travail, mais vous allumez d'abord une lampe pour y voir, et ensuite vous agissez. Eh bien, pour n'importe quel cas dans la vie, vous avez tout d'abord besoin d'allumer la lumière, c'est-à-dire de vous concentrer, de vous recueillir, afin de savoir comment agir. Si vous n'avez pas cette lumière, vous irez à gauche, à droite, vous frapperez à plusieurs portes, et vous ne ferez rien de bon.

Toute la journée est inscrite dans la direction que vous donnez dès le matin à vos pensées. Car suivant que vous êtes attentif et vigilant ou non, vous déblayez le chemin ou, au contraire, vous l'encombrez de toutes sortes de choses inutiles ou même nocives. Le disciple de la Science initiatique sait comment il doit commencer la journée s'il veut qu'elle soit fructueuse, remplie de la grâce de Dieu, afin de pouvoir répandre cette grâce autour de lui sur toutes les créatures. Il sait qu'il doit avoir, dès le matin, une pensée fondamentale autour de laquelle graviteront, durant la journée, toutes ses autres pensées.

Si vous avez pour chaque jour un but précis, une orientation précise, un idéal à atteindre, toutes vos activités vont peu à peu s'ordonner, s'organiser et contribuer à la réalisation de cet idéal. Et même lorsque des pensées et des sentiments étrangers, négatifs, tenteront d'entrer en vous, ils seront détournés et mis au service du monde divin, ils seront obligés eux aussi d'aller dans la direction que vous avez vous-même choisi de prendre. Et c'est ainsi que, grâce à la pensée fondamentale que vous aurez placée dès le matin dans votre tête, dans votre cœur, vous pourrez inscrire cette journée dans le grand Livre de la Vie.

Et puisque tout s'inscrit, une fois que vous aurez vécu une journée splendide, une journée de vie éternelle, non seulement elle sera enregistrée, non seulement elle ne mourra pas, mais elle tâchera d'entraîner toutes les autres journées à sa suite pour qu'elles lui ressemblent. Essayez au moins de bien vivre une seule journée car c'est elle qui influencera les autres : elle va les inviter pour leur parler et les convaincre d'être comme elle, équilibrées, ordonnées, harmonieuses. »

Omraam Mikhaël Aïvanhov

Comment la nouvelle année peut-elle être vraiment nouvelle si les humains qui l'accueillent continuent à stagner dans les mêmes pensées, les mêmes sentiments, les mêmes habitudes déplorables ? La nouvelle année est comme une eau fraîche et pure, et si vous voulez qu'elle garde sa fraîcheur et sa pureté, vous devez vous préoccuper de l'état des récipients dans lesquels vous allez la recevoir. N'est-ce pas ce que vous faites chaque jour dans votre cuisine ? Quand vous devez verser de l'eau propre dans une casserole, vous vérifiez d'abord l'état de cette casserole, et si elle est sale, vous la nettoyez. Eh bien quand il s'agit de recevoir dans ces récipients que sont votre âme, votre tête, votre cœur, les eaux pures de la nouvelle année, vous devez appliquer les mêmes règles que dans votre cuisine, donc entreprendre tout un travail de nettoyage intérieur.

2 *Janvier*

Tous les êtres humains sentent confusément qu'il existe quelque part une place qui leur est destinée et que c'est là qu'ils seront heureux. Mais très peu ont trouvé cette place.

Lorsqu'une graine est mise en terre, elle germe, croît et donne des fruits. Elle dit alors : « J'ai trouvé ma place ! » Car sa vraie place n'était pas le grenier où, avec quantité d'autres graines, elle se serait desséchée et risquait d'être dévorée par les souris et les vers. Sa place était dans la terre. La majorité des humains sont semblables à des graines qui attendent dans le grenier qu'on vienne les semer : ils n'ont pas trouvé leur place, ils ne sont pas prêts à germer. Pourtant, tous sont appelés à trouver leur place, et nul ne peut enlever à un être humain la place que Dieu a réservée pour lui.

Le cosmos obéit à la loi du rythme. Tout est rythme dans l'univers, et l'être humain lui-même appartient à ce grand rythme cosmique. De manière perceptible ou non, chacune de ses fonctions biologiques ou psychiques est régie par les lois du rythme. Et selon sa façon de vivre, par ses pensées, ses sentiments, ses actes, il entre plus ou moins en harmonie avec le rythme universel. Depuis l'aube de l'humanité, la musique, la danse ne sont que des tentatives pour entrer à nouveau dans ce rythme universel ou pour s'y maintenir. C'est pourquoi à un moment ou à un autre de leur histoire, toutes les cultures ont attribué à la musique et à la danse une origine divine.

Par la prière, la méditation, vous entrez en relation avec des régions supérieures où vous accumulez des énergies. C'est pourquoi, si vous avez ensuite à prendre la parole, cette parole est pleine, vivante, agissante : parce qu'elle est remplie d'amour, de lumière, de force divine. Cet amour, cette lumière, cette force divine, c'est le Verbe, et c'est lui qui donne son pouvoir à la parole.

On peut exprimer cette idée un peu différemment et dire qu'avant de vous exprimer par la parole, vous avez des pensées, des sentiments ; c'est cela le Verbe. La parole, c'est la forme, les mots que vous choisissez dans une langue déterminée pour envelopper votre Verbe et vous faire entendre des humains ; tandis que le Verbe, lui, trouve immédiatement dans le monde invisible son expression appropriée pour que toutes les créatures, même les Anges et les Archanges, puissent comprendre. Mais que vous vous adressiez aux hommes ou aux anges, vous devez commencer par travailler sur votre Verbe, c'est-à-dire sur vos pensées et vos sentiments dont il sera le conducteur.

L'amour est le remède qui, aussi difficiles que soient les conditions, est capable de rétablir en vous l'équilibre, la santé, capable de vous redonner la vie. Car la vie et l'amour sont liés, et pour que la vie circule, il faut appeler l'amour. Oui, la vie naît de l'amour. Là où il y a l'amour, il y a la vie ; là où l'amour diminue, c'est la mort qui s'approche.

Toutes les religions nous enseignent l'amour envers Celui qui donne la vie. Cet Être qui remplit l'univers, nous pouvons Le trouver partout : Il est dans la terre, dans les plantes, dans l'eau, dans l'air, dans le feu, dans notre organisme, dans le soleil, dans les étoiles, partout, et c'est là aussi que nous devons Le chercher pour devenir de plus en plus vivants.

Nos corps psychiques sont faits d'une matière si subtile qu'il y a place en eux pour l'univers entier. Ainsi chacun d'entre nous est le dépositaire des archives cosmiques. Tous les événements du cosmos, l'histoire mouvementée des mondes et même aussi des mondes disparus, nous envoient des échos qui s'enregistrent dans notre subconscient.

À notre insu nous recevons donc des nouvelles de l'univers. Et quand nous décidons de creuser certaines questions par la méditation, la contemplation, nous devenons comme celui qui va consulter des documents dans une bibliothèque. Cette bibliothèque est si vaste et si profonde que les employés ne peuvent pas trouver immédiatement l'ouvrage demandé, et nous devons attendre un certain temps avant d'obtenir la réponse. Mais un jour ou l'autre nous la recevons et nous disons alors : « J'ai un éclaircissement, une révélation. » En réalité, c'est seulement que nous avons reçu le passage du livre que nous avions demandé.

N'attendez pas sans rien faire que le Ciel veuille bien s'occuper de vous. Si vous souhaitez qu'il s'aperçoive de votre existence, qu'il vous soutienne, vous aide, vous devez devenir riche. Vous direz: «Mais comment devenir riche?» Ah, il faut travailler pour acquérir de l'or.

Dans le symbolisme initiatique, l'or représente l'intelligence, la sagesse. Avec cet or-là, on s'achète des qualités et des vertus, qui se manifestent par des projections de lumières et de couleurs. Alors, attirées par cet éclat qu'elles aperçoivent de loin, les entités célestes s'approchent. Pour retenir l'attention de toutes ces créatures angéliques qui peuvent s'occuper de vous, vous ne devez pas rester passif… Donc, montrez-leur que vous méritez leur amitié, leur protection, et elles s'occuperont de vous donner tout ce dont vous avez besoin.

Faire silence n'est pas un but en soi. Dans le silence nous préparons les conditions favorables pour la manifestation des entités divines. Ces entités aiment le silence et elles attendent toujours ces conditions que les humains ne leur donnent que très rarement. Plus un être est évolué, plus il a besoin de silence. Il sent que dans cette apparente absence de vie il pourra en réalité goûter la vraie vie. Car la vraie vie, la vie intense est un silence vivant. De plus en plus vous apprendrez à rechercher ce silence, car c'est là que se préparent les conditions pour la venue des entités célestes, et à leur approche vous sentirez passer sur vous le souffle de l'éternité.

La Science initiatique nous enseigne que l'Esprit de Dieu imprègne tout l'univers et que nous pouvons, à travers la matière qui constitue cet univers, entrer en contact avec Lui. Les humains n'ont aucune idée de ce qu'ils perdent en ignorant que les éléments qui les environnent, la terre, l'eau, l'air et le feu sont pétris de la quintessence de la Divinité et que, par la méditation, la respiration, une nutrition consciente, ils peuvent capter cette quintessence qui vivifiera toutes les cellules de leur corps. Ainsi non seulement ils améliorent leur santé physique, mais leurs cellules rajeunies, purifiées, illuminées, au lieu de les retenir très bas dans les couches opaques de la matière, deviennent de bonnes ouvrières qui les soutiennent dans leur travail de création spirituelle.

Celui qui fait l'ascension d'une montagne et qui découvre le lieu où un fleuve prend sa source, s'émerveille de la pureté de l'eau et de son goût délicieux. Au fur et à mesure que cette eau descend vers la plaine, elle devient rivière, fleuve, et elle reçoit des saletés, des produits toxiques rejetés par les habitants qui vivent sur ses bords. Quand elle arrive à l'embouchure pour se jeter dans la mer, celui qui la boit pourrait s'empoisonner.

De la source à la mer, le fleuve représente toute une hiérarchie. Cette hiérarchie nous la trouvons en nous-même, depuis la source qui est notre Moi divin, jusqu'au plan physique. Pour pouvoir boire la vie pure, nous devons nous dégager des régions inférieures des plans physique, astral et mental,* et aller chercher l'eau sur les sommets des hautes montagnes en nous : notre âme et notre esprit.

* Voir note et schéma, p. 372 et 373.

On peut comparer l'amour à un arbre dont la sexualité représente les racines. Ces racines sont profondément enfoncées dans l'être humain, on ne peut pas les arracher et on ne doit pas essayer de les arracher : elles sont indispensables, comme les racines sont indispensables à l'arbre. Il faut seulement aller plus loin, plus haut, dans le tronc, les branches, les fleurs, les fruits. Et les fleurs et les fruits de l'amour, c'est le sacrifice.

L'amour le plus spirituel reçoit son élan de la force sexuelle, mais il faut apprendre comment le cultiver, l'arroser, le protéger des insectes et des orages. Quand vous goûterez des fruits de cet arbre Amour, vous saurez que ce sont les fruits de l'immortalité, de la vie éternelle.

Ce qui a mal commencé risque évidemment de mal finir. Il y a ainsi, dans la vie des humains, des événements qui se déroulent avec une rigueur implacable, et on peut les prédire avec autant d'exactitude que les astronomes prédisent les éclipses, les conjonctions ou les oppositions de planètes, parce que tout se déroule d'après des lois absolues. Mais s'ils font des efforts, s'ils appellent l'esprit, certains êtres qui ont mal commencé arrivent à changer le cours des choses, car en réalité rien n'est jamais définitivement écrit. Quand l'esprit vient dire son mot, les événements ne se déroulent plus de manière aussi mécanique. Là où il imprime son sceau, les éléments changent de nature et de configuration, tout se purifie, s'harmonise, et les événements suivent un autre cours. Il n'est donc nulle part écrit que ce qui a mal commencé doive nécessairement mal finir.

Parce qu'ils connaissent depuis des millénaires le processus de la fission de l'atome, les Initiés, au cours de leurs méditations, parviennent à désintégrer par la pensée quelques millièmes de milligrammes de leur cerveau. C'est de cette énergie ainsi libérée qu'ils tirent leurs immenses pouvoirs : ils appliquent le principe de la fission de l'atome à leur propre cerveau qui est une matière d'une richesse extraordinaire.

Quelqu'un dira : « Moi aussi, je sais désintégrer la matière : j'ai eu 40° de fièvre et j'ai perdu trois kilos. » Oui, mais en même temps que vous avez perdu des kilos, vous avez perdu des forces : la fièvre vous a affaibli. Tandis que, des infimes particules désagrégées par la méditation telle que la pratiquent les Initiés, il se dégage de l'énergie ; et c'est d'autant plus bénéfique et salutaire que d'autres particules plus pures, plus lumineuses encore viennent les remplacer. Il faut donc savoir discerner, parmi les dépenses d'énergies, celles qui enrichissent et celles qui appauvrissent.

Combien d'artistes ne mesurent pas leurs responsabilités ! Ils ne pensent pas qu'en leur accordant un don, le Ciel les a mis en possession d'un grand trésor, grâce auquel ils peuvent accomplir des merveilles. Et même ceux qui sont conscients de posséder un talent exceptionnel ne croient pas assez aux pouvoirs de ce don.

Un artiste doit avoir pour idéal de conduire les êtres vers la Divinité, et alors son nom sera inscrit dans le Livre de la Vie : il sera noté qu'il a sauvé plusieurs âmes des tribulations et de la mort. Et qu'il ne s'inquiète pas de sa propre âme : s'il sauve l'âme des autres, quelqu'un viendra sauver la sienne ! À celui qui répand la lumière autour de lui, d'autres viennent aussi apporter la lumière.

Lorsqu'on s'engage dans la vie spirituelle, l'essentiel est de se renforcer, et pour se renforcer il faut commencer modestement, en s'exerçant sur de toutes petites choses. Car ce n'est pas tellement ce que vous allez réaliser qui compte, mais le fait que vous vous renforcez. C'est pourquoi vous ne devez pas vous lancer tout de suite dans de vastes entreprises : vous vous exposeriez à des échecs. Échouer n'est pas en soi tellement grave, mais à chaque insuccès vous risquez de perdre un peu plus de foi et de confiance ; et quand la foi et la confiance diminuent en vous, les forces qui leur sont liées diminuent également. Si je vous dis de commencer par de petites choses, c'est parce que je sais que le succès remporté dans les petites choses augmente la foi dans les grandes.

Il y a des êtres qui, pour se sentir vivre, ont besoin d'explosions et d'incendies. Eh bien, ces êtres-là sont des primitifs, des barbares. D'ailleurs, on l'a vu tout au long de l'histoire : tous ceux qui ont incendié des villes et des campagnes, tous ceux qui ont allumé des bûchers et des fours crématoires étaient des barbares. Le besoin de brûler des objets ou des êtres est l'expression de la sauvagerie. Vous direz que de tels actes sont tout de même assez rares. Dans le plan physique, oui, peut-être, mais dans le plan astral, dans le domaine des sentiments, les humains, qui ne savent pas utiliser le feu, ne cessent d'allumer et d'alimenter le brasier des passions en eux-mêmes et chez les autres. Tous les êtres qui n'ont pas encore appris la manière correcte de se chauffer et de chauffer les autres, c'est-à-dire qui n'ont pas appris la manière correcte d'aimer, ne sont pas civilisés et commettent d'une certaine façon des actes de barbarie.

17 Janvier

Que faites-vous quand vous vous sentez troublé, irrité ou malheureux ? Au lieu d'essayer de retrouver la paix et la lumière, vous courez chez les parents, les voisins, les amis, ou vous prenez le téléphone, pour leur étaler vos problèmes. Une fois que c'est terminé, vous êtes soulagé, et ça vous suffit. Vous ne vous rendez pas compte qu'en agissant ainsi, c'est comme si vous laissiez des tas d'immondices chez ces personnes. Je ne dis pas qu'il ne faille jamais parler de ses difficultés. Les parents, les amis peuvent être une aide précieuse par leurs conseils, leur soutien. Mais souvent, ce n'est pas tellement la lumière et les bons conseils que l'on cherche, on a seulement besoin de se décharger, c'est tout. Et si après l'avoir fait on se sent mieux, en réalité ce mieux n'est que passager, car on n'a fait aucun véritable travail intérieur pour résoudre les problèmes et, à la première occasion, on retombera dans le même état. Alors, non seulement on est allé empoisonner les autres, mais on n'a rien amélioré en soi.

Sans l'aide des entités célestes, nous sommes impuissants devant les grandes difficultés de la vie. Mais pour attirer ces entités et leur donner le désir de nous aider, nous devons mener une vie pure en accord avec les lois divines. Sinon, nos pensées et nos prières ne seront pas reçues par ces entités, elles ne les toucheront même pas. Notre façon de vivre est la seule chose qui est prise en considération par les esprits d'en haut. Quand ils voient un être qui tâche d'agir en accord avec les lois de l'harmonie cosmique, ils sont obligés de venir l'aider. Sinon, leurs yeux et leurs oreilles se ferment, ils n'entendent pas, ils ne voient pas, et ils le laissent continuer à se casser la tête. C'est seulement par la qualité de notre vie que nous pouvons « obliger » les entités célestes à intervenir en notre faveur.

Contrairement aux apparences, le développement psychique des êtres ne coïncide pas avec leur croissance physique. C'est donc une erreur de croire que lorsqu'un enfant vient sur la terre, son âme, ses facultés morales et intellectuelles suivent la croissance de son corps et que, plus tard, au fur et à mesure que son corps vieillit, s'affaiblit et perd sa vitalité, l'âme en fait autant. Non, l'âme de l'enfant qui vient s'incarner est déjà en possession de toutes ses facultés, mais elle ne peut pas encore se manifester dans toute sa puissance. C'est pourquoi elle travaille sur le corps physique de l'enfant en restant en grande partie hors de lui, jusqu'à ce qu'elle puisse s'installer complètement. Évidemment, elle rencontre là beaucoup de difficultés, et pourtant pendant toute la vie de l'homme, c'est ce qu'elle essaie de faire. Et si, au fur et à mesure des années, même jusqu'à un âge avancé, l'homme se montre doué de facultés, de talents nouveaux, c'est parce que l'âme continue à occuper son corps et à se manifester à travers lui.

La stabilité, voilà un sujet dont vous n'appréciez pas tellement d'entendre parler… Être stable, c'est monotone, ennuyeux, et vous avez tellement besoin de changement ! Mais qui vous dit que la stabilité est incompatible avec le changement ? Vous pouvez changer tout ce que vous voulez, mais à condition de ne jamais abandonner votre haut idéal. Une fois que vous avez décidé de marcher sur le chemin de la lumière, quoi qu'il arrive vous devez garder toujours cette orientation. Pour tout le reste vous pouvez changer, mais n'abandonnez jamais votre orientation divine. Comprenez bien cela : stabilité ne signifie pas immobilité. Si vous rencontrez un Maître véritable, vous ne le verrez jamais rigide, figé. Au contraire même, physiquement ou par la pensée il ne cesse de se déplacer pour visiter ceux qui ont besoin de lui, pour les instruire, les guérir. C'est intérieurement, dans ses convictions, qu'il reste immuable : aucune séduction d'aucune sorte n'a de prise sur lui. Être stable, c'est être fidèle à ses engagements intérieurs, c'est poursuivre malgré tout le chemin vers le haut.

Plus ou moins consciemment, la majorité des humains divisent l'existence en deux périodes : dans la première ils s'efforcent de satisfaire tous leurs besoins de plaisirs, de réussites, et peu importe si pour cela ils détruisent leur santé ! Quand ils seront fatigués et usés, il sera toujours assez tôt de s'assagir : ce sera la deuxième période. Certains commenceront même à penser à l'Évangile, au Christ, ils iront dans une église brûler un cierge et prier : « Mon Dieu, pardonne-moi mes péchés. » Et, croyant avoir ainsi acheté le Seigneur avec un cierge, ils s'achemineront tranquillement vers la mort.

Mais combien de fois ceux qui agissent ainsi reviendront sur la terre pour apprendre ! Et apprendre quoi ? Que c'est dès la jeunesse qu'ils doivent s'efforcer de vivre raisonnablement, et préserver ainsi toutes les forces et les qualités qu'ils portent en eux-mêmes, afin de les utiliser toute leur vie pour servir le Ciel.

Quand vous vous éveillez, le matin, pensez à sourire au monde entier, saluez toute la création : « Bonjour, bonjour, bonjour… » Vous verrez, de toute la journée, même si vous êtes seul, vous ne sentirez pas la solitude, car de partout vous reviendront des échos : « Bonjour, bonjour, bonjour… » Les humains ne savent pas reprendre chaque matin contact avec le monde : ils sortent de chez eux tout recroquevillés intérieurement, ils voient et entendent les autres sur leur passage, mais ils ne les regardent pas, ils ne les écoutent pas. À plus forte raison, ils ne pensent pas que le monde entier est peuplé de créatures qui méritent quand même qu'on leur envoie une pensée amicale, qu'on leur souhaite de bonnes choses : la lumière, la paix, la joie… Est-ce tellement difficile de s'ouvrir, de sourire, de faire le premier pas ? On attend que ce soit les autres qui le fassent et, en attendant, on se lamente parce qu'on est seul. Alors, commencez dès aujourd'hui à changer d'attitude et vous ne vous sentirez plus jamais seul.

D'après certains yogis hindous le monde est une illusion, une « maya ». Non, le monde est une réalité ; il n'est pas la réalité, mais il est une réalité, et la matière aussi est une réalité. Ce qui est une illusion, et même la pire de toutes, c'est cette croyance, cette sensation qu'ont la plupart des humains d'être séparés de la vie universelle, de cet Être unique dont l'existence remplit tout l'espace. S'ils ne peuvent ni le sentir ni le comprendre, c'est que leur moi inférieur les en empêche. Alors, le but principal de notre travail, c'est de nous détacher de notre moi inférieur qui nous limite, pour nous rapprocher du Moi supérieur qui vit dans l'immensité, dans l'éternité, dans la plénitude. Quand la communication sera rétablie, nous ferons le voyage, nous retrouverons notre Moi supérieur, notre Moi cosmique qui vibre de l'harmonie de tous les êtres. Et alors, là seulement nous saurons ce qu'est la réalité.

Parce qu'elle possède de grands pouvoirs d'absorption et de transmission, l'eau a été de tout temps utilisée pour les opérations magiques. De nombreux récits dans « Les mille et une nuits », par exemple, rapportent le cas de sorciers qui pouvaient transformer un être humain en animal : oiseau, chien, cheval, etc., après avoir prononcé certaines formules au-dessus d'un récipient d'eau dont ils l'aspergeaient ensuite. Quel crédit on peut accorder à de pareilles histoires, là n'est pas la question. Il reste que les pouvoirs d'absorption et de transmission de l'eau sont réels et que nous devons apprendre à les utiliser pour le bien. Vous le savez, les prêtres utilisent l'eau pour bénir les fidèles. Puisqu'elle a la propriété de retenir les courants et les influences que l'on introduit en elle, elle peut devenir le support des paroles de bénédiction. Vous aussi, vous pouvez utiliser ces pouvoirs de l'eau pour faire un travail de magie blanche.

Quelles que soient vos tâches quotidiennes, recherchez toutes les occasions d'entrer en contact avec le monde de l'esprit, le monde divin, parce que c'est là uniquement, dans ce monde que vous portez tous en vous-mêmes, que vous pouvez vous épanouir et trouver la plénitude. Seules les joies subtiles du monde de l'esprit sont des joies durables. Pourquoi les gâcher en s'attardant toujours trop bas dans la matière ?.... Ce monde divin que vous portez en vous, c'est votre nature supérieure que vous avez toutes les possibilités de développer en vous identifiant à elle. Et alors, peu à peu vous sentirez que même dans l'obscurité et la tourmente, la lumière et la paix ne cessent de vous accompagner.

Avant de compter sur la fidélité de quelqu'un, demandez-vous d'abord qui il est et s'il pourra se montrer toujours à la hauteur. Et s'il vous trahit, ne vous en prenez qu'à vous-même. Pourquoi vous imaginer que la Providence va placer sur votre chemin exactement la personne dont vous rêvez ? Une femme rencontre un homme, et pendant qu'elle est en train de bâtir des châteaux en Espagne, lui, avec ses regards, ses promesses et ses mimiques expressives, est déjà instinctivement occupé à calculer comment il va exploiter cette naïve qui croit tout ce qu'il lui raconte. Et combien d'hommes aussi peuvent être des victimes ! Mais ces mésaventures ne se limitent pas au domaine sentimental ; le monde des affaires, de la politique, toute la vie en société n'est souvent faite que de promesses non tenues. Il est presque impossible de ne pas se laisser abuser à un moment ou à un autre, mais il faut au moins, pour l'avenir, tirer les leçons de ces expériences malheureuses.

Lorsque vous rencontrez des conditions de vie agréables, goûtez-les, mais ne vous y attardez pas. Et quand l'existence vous impose des conditions difficiles, efforcez-vous de les supporter jusqu'au bout. Vous direz : « Mais pourquoi devons-nous cultiver les conditions difficiles ? » Il ne s'agit pas de les cultiver, mais seulement de ne pas les fuir pour apprendre à devenir adultes.

Les enfants n'aiment que ce qui est agréable, sucré... Comme cette petite fille qui disait en faisant sa prière : « Seigneur, faites que mon papa, ma maman et mon petit frère soient en bonne santé... et faites aussi qu'on trouve les vitamines dans les bonbons et pas dans les épinards. » Voilà les enfants ! Malheureusement les vitamines ne seront jamais dans les bonbons, de même que les vitamines spirituelles ne seront jamais dans la facilité et les plaisirs, mais dans le travail et dans les difficultés. Seuls les vrais adultes savent découvrir ce qui se cache de riche et de profond dans chaque épreuve, dans chaque amertume, alors que les joies et les plaisirs prolongés ne servent qu'à chloroformer l'être humain, le maintenir dans les faiblesses et l'éloigner de la vérité.

Par nature, l'être humain est davantage porté vers la croyance que vers le savoir. Pourquoi ? Parce que la croyance est spontanée, instinctive, elle est le produit de pensées, de sentiments et de désirs personnels. Tandis que le savoir exige étude, réflexion, expérience. La croyance précède donc toujours le savoir. Dès qu'on sait une chose, on sort du domaine de la croyance, mais alors, la croyance se reporte sur un objet un peu plus lointain… Jusqu'au moment où, là encore, le savoir pourra venir la remplacer. Le savoir est comme la ligne d'horizon : plus vous vous rapprochez, plus elle s'éloigne, et c'est ainsi que vous ne cessez de progresser. Donc, pour progresser vous devez remplacer vos croyances par des certitudes fondées sur le vrai savoir.

La musique est un langage. Depuis l'origine, ce langage retentit à travers le cosmos, et c'est par lui que Dieu manifeste sa sagesse, son amour et sa beauté. Du point de vue initiatique, la musique suppose la connaissance de l'ordre du monde, des êtres et des choses, la science des rapports harmoniques dans l'univers entier entre le microcosme et le macrocosme. Elle repose sur des principes immuables qu'on ne peut transgresser sans se perdre.

La musique nous parle de notre héritage céleste, et en agissant sur nos corps subtils, elle nous permet de rétablir le contact avec notre véritable patrie.

Le disciple qui s'attache à un Maître ne doit pas s'arrêter à la personne de son Maître. Et s'il s'absorbe dans la contemplation de son visage, c'est pour sentir que cette forme physique, ces traits lui parlent du monde divin, qu'ils l'amènent à se lier aux régions sublimes, qu'ils éveillent en lui des souvenirs, des réminiscences d'un passé lointain de beauté et de pureté. Par ce qui émane de son apparence physique, un Initié exprime, révèle le monde de l'esprit. Et c'est dans cette direction justement que le disciple doit travailler quand il rencontre un Maître, car c'est ce travail qui le vivifiera, le fortifiera, l'enrichira.

L'ère des Poissons se termine et nous entrons dans l'ère du Verseau qui, d'après les astrologues, apportera de grands changements. Il ne faut pourtant pas croire pour cela que toute l'humanité va soudain se transformer. Ce qui changera pour tous, ce sont les possibilités, car du Verseau affluent des courants nouveaux ; mais seuls ceux qui font des efforts pour s'harmoniser avec ces courants se transformeront. Le Ciel nous envoie des ondes, mais ce n'est pas à lui de nous imposer la sagesse. Nous entrons dans l'époque du Verseau, mais celui qui ne fait rien pour bénéficier de ses influences ne recevra rien. Des astrologues, des ésotéristes répètent partout : « L'ère du Verseau, l'ère du Verseau… » C'est très bien. Mais si vous voulez véritablement entrer dans l'ère du Verseau, vous devez vous préparer à accepter les nouvelles idées qu'apporte cette constellation : les idées de fraternité, d'universalité.

Celui qui veut entrer dans la région de la Providence divine, doit devenir un ouvrier dans le champ du Seigneur. Ainsi, quand ses créanciers, c'est-à-dire les lois de la morale cosmique qu'il a transgressées, viendront le trouver en exigeant qu'il rembourse ses dettes sous peine d'être traîné en justice, le Seigneur répondra : « Laissez-le tranquille, car il est mon serviteur. – Oui, mais il a des dettes ! – Lesquelles ? Combien ? – Il a commis telle faute, il a enfreint telle règle. – Bon, c'est entendu, mais il est mon ouvrier, il travaille chez Moi, partez tranquilles, c'est Moi qui paierai ses dettes. » Comme Dieu est juste, Il ne chasse pas les créanciers qui réclament à bon droit, Il leur dit simplement : « C'est Moi qui paierai pour lui, partez contents. » Évidemment, ce petit dialogue entre le Seigneur et les créanciers est symbolique : il signifie que nous sommes toujours sauvés par notre travail spirituel.

De temps à autre, au cours de la journée, pensez à jeter un regard en vous-même. Et si vous constatez une nervosité, une fébrilité, arrêtez-vous tout de suite, sinon cet état va se prolonger indéfiniment et se refléter négativement sur tout ce que vous ferez. Une fois que vous vous êtes arrêté, concentrez-vous quelques secondes pour vous apaiser, vous lier à la lumière, puis recommencez sur un autre rythme. Le nouvel état se prolongera à son tour.

Sous l'effet d'une mauvaise surprise, de l'inquiétude, de l'agacement, on se met à bousculer les objets, à claquer les portes, à heurter les meubles, pourquoi ? Parce qu'inconsciemment on tâche de se débarrasser d'une énergie qu'on n'arrive pas à maîtriser. Mais plus on s'agite, plus on est obligé de s'agiter. Il faut donc faire le contraire : s'arrêter complètement de bouger durant un moment. Ce n'est qu'une fois apaisé qu'on peut continuer son travail dans de meilleures conditions.

Quelle est la fonction de la peau ? En entourant notre corps, elle est comme une frontière où des douaniers examinent les voyageurs et les bagages qui se présentent. Certains voyageurs, considérés comme indésirables, ainsi que les produits illicites, n'ont pas le droit d'entrer. De la même façon, la peau est chargée de n'admettre que les éléments bénéfiques pour notre santé et d'éliminer ceux qui sont nocifs. Se laver, par exemple, contribue au bien-être et à la santé physique. Mais si nous le faisons avec un état de conscience approprié, nous pouvons aussi absorber des forces et des courants qui nous maintiennent en contact avec la vie cosmique.

La peau, que nous avons l'habitude de considérer comme une simple protection ou le simple organe du toucher, a aussi des prolongements jusque dans le monde spirituel, car elle peut produire des sécrétions subtiles qui affinent ses perceptions. Pour ne pas détruire cette pellicule éthérique, pour garder la peau en état de capter les courants spirituels, il y a des règles de vie à respecter, car toute notre façon de vivre se reflète sur la peau.

L'humilité est une vertu mal comprise… L'humilité ne consiste pas à se rabaisser sans cesse, mais à tourner son regard vers le haut, vers les êtres qui nous ont dépassés. En regardant ces êtres-là, instinctivement nous nous comparons à eux, et évidemment nous nous voyons tout petits. Oui, mais nous ne devons pas nous contenter de rester là sans rien faire à contempler ces êtres magnifiques ; il faut avancer. Car la véritable humilité amène l'être humain vers la perfection. C'est en voulant imiter ceux qui l'ont dépassé qu'il avance. C'est en voulant devenir parfait comme le Seigneur qu'il devient véritablement humble. Certains diront au contraire que c'est de l'orgueil. Eh bien, ils se trompent. Comment Jésus, qui a tellement insisté sur l'humilité, aurait-il pu pousser les humains vers l'orgueil en disant : *« Soyez parfaits comme votre Père céleste est parfait »* ? Réfléchissez et vous comprendrez comment, en prenant pour idéal d'atteindre la perfection du Seigneur, vous progresserez dans la véritable humilité.

Que signifie croire en Dieu ?… En réalité, cela n'a pas tellement de sens. Dieu, il faut communier avec Lui, il faut Le toucher, il faut Le sentir, car à ce moment-là on n'a même plus à se demander si on croit : on vit. Croire suppose que l'objet de cette croyance se situe à l'extérieur, qu'on ne l'a donc jamais vraiment senti : on croit, mais sans bien savoir pourquoi on croit, ni même à quoi on croit.

Quelqu'un dit : « Je crois », mais c'est peu de chose, il faut aller plus loin. Les athées, eux aussi, sont croyants à leur manière, ils croient que Dieu n'existe pas : c'est également une croyance. Seulement elle ne leur apporte rien, car on ne peut pas vivre de quelque chose qui n'existe pas. Le doute concernant l'existence de Dieu n'a aucune réalité, c'est une inexistence, et cette inexistence on ne peut pas la goûter, s'en nourrir. Tandis qu'il est possible de goûter la réalité de Dieu, et non seulement de la goûter, mais de la vivre.

Pour donner d'elles-mêmes l'image de la puissance, certaines personnes font beaucoup de bruit : il faut que le monde entier sache qu'elles réussissent tout ce qu'elles entreprennent et qu'il faut donc les écouter, les suivre. Bien sûr, il y a toujours des aveugles pour se laisser convaincre et subjuguer par de telles démonstrations. Mais d'autres, plus sensibles, plus clairvoyants, se rendent compte que ce sont là des comédies destinées à cacher des faiblesses et des malhonnêtetés.

Celui qui possède la véritable force n'a pas besoin de se donner en spectacle ; il sait que, tôt ou tard, les autres sentiront cette force. Oui, vous voyez, la faiblesse a ses méthodes, et la vraie force a ses méthodes aussi. La vraie force, ce sont les grands Maîtres qui la possèdent : ils n'ont pas besoin d'artifices pour épater la galerie. Ils ont la patience d'attendre, ils savent que tôt ou tard ils seront reconnus, car partout dans l'univers il est inscrit qu'à la fin c'est le plus sage et le meilleur qui triomphera.

Les esprits de la lumière n'usent jamais de violence à l'égard des humains, ils ne s'imposent pas, ils n'iront jamais s'installer chez celui qui ne les invite pas. Au contraire, les esprits des ténèbres insistent, s'imposent, se cramponnent.

Alors, si vous voulez recevoir la visite des anges, c'est à vous de les inviter en leur disant : « Voilà, ici je suis le propriétaire, je suis le maître ; alors venez, je vous en prie, disposez de tout, c'est à vous. » Quand ces êtres lumineux sentent qu'ils exécutent la volonté du propriétaire, ils entrent, et même, pour entrer ils peuvent devenir audacieux ; ils se jettent sur les diables et les chassent : « Allez dehors, ouste ! » À ce moment-là, oui, ils sont tout à fait en mesure de s'imposer. Mais tant que le maître de la maison ne les a pas invités, ils n'entrent pas, ils respectent sa volonté.

La véritable connaissance suppose qu'on soit capable de pénétrer au cœur d'un être ou d'un objet, et cela ne peut se faire que par l'identification, c'est-à-dire la fusion avec cet être ou cet objet que l'on veut connaître. Au moins pour un moment, il est nécessaire de devenir un autre, et on ne peut pas devenir un autre si on reste là, à l'extérieur, en se contentant de le regarder ; il faut entrer en lui et sentir les moindres vibrations de son existence. Or cela, l'intellect ne peut pas le faire, seul l'esprit le peut.

Alors, voici maintenant une application pratique : si par votre esprit, par votre amour, vous vous exercez chaque jour à vous identifier avec l'Être suprême, Celui qui est la source de la vie, la Cause première, le Père de tout, un jour vous sentirez que Dieu commence à vivre au-dedans de vous, avec sa splendeur, sa puissance, sa sagesse, son amour. Et c'est cela connaître Dieu.

Parce qu'ils sentent leur équilibre physique et psychique menacé par le rythme de vie trépidant qui leur est imposé, et particulièrement dans les villes, de plus en plus de gens se lancent dans la pratique de la relaxation ou de différents yogas et arts martiaux importés d'Orient. Cela peut leur faire du bien, c'est vrai. Mais il existe un exercice plus facile, plus efficace : apprendre comment manger. Oui, car ils mangent n'importe comment, dans le bruit, la nervosité, la précipitation, et ils bavardent, ils se chamaillent même souvent… Alors ils peuvent bien, ensuite, aller faire du yoga !… Pourquoi ne pas comprendre que deux ou trois fois par jour, en apprenant à manger dans le silence, ils ont la possibilité de faire cet exercice de détente, de concentration, d'harmonisation de toutes leurs cellules ? De plus, comme ils sont de toute façon obligés de manger, cette pratique est gratuite. Tandis que les autres !…

Vous vous croyez pauvre, mais c'est parce que vous n'avez pas conscience de vos richesses. La preuve, si je vous dis : « Voici dix millions, mais donnez-moi vos mains ! », vous refuserez. « Alors, donnez-moi vos yeux pour cent millions ! », vous refuserez encore. Et si je vous demande votre langue, votre nez, vos oreilles, pour des sommes fantastiques, vous refuserez toujours. Mais alors, c'est que non seulement vous n'êtes pas pauvre, mais vous êtes archimilliardaire ! C'est comme celui qui posséderait des propriétés et des châteaux, mais qui se croirait pauvre parce qu'il n'a pas d'argent liquide à sa disposition. Vous croyez être pauvre parce que vous n'avez ni pièces d'or ni billets de banque. Mais ce n'est pas cela, en réalité, la véritable richesse. La véritable richesse, c'est non seulement votre corps physique, avec tout ce que vous pouvez réaliser grâce à lui, mais aussi votre cœur, votre intellect, votre âme et votre esprit par lesquels vous pouvez embrasser l'univers entier.

Ce sont le plus souvent leurs faiblesses physiques ou psychiques, leurs besoins inférieurs, leurs passions qui déterminent les opinions des humains. Et c'est malheureusement vrai aussi pour les écrivains, les penseurs, les artistes. Bien sûr, ils présentent leur système philosophique ou leur conception de l'art comme le résultat d'un long travail de réflexion, et ils sont certainement sincères ! Mais la réalité, c'est que toutes ces théories ne sont que l'expression de leurs humeurs et de leurs tendances plus ou moins maladives ou pernicieuses. On est même frappé de constater que les plus convaincus d'avoir une opinion objective et désintéressée sur tous les problèmes de la vie, sont justement les gens qui sont les plus obnubilés par leurs tendances instinctives. Voilà un sujet sur lequel il vaut la peine de réfléchir.

12 Février

Nous ne faisons que traverser un monde d'apparences, nous disent les sages et les Initiés, car la vie est un rêve dont nous finirons par nous réveiller un jour. Voilà encore une idée avec laquelle vous devez essayer de travailler. Lorsque vous traversez une période difficile, par exemple, dites-vous : « Je souffre, je suis malade, je me sens persécuté. Oui, mais c'est une illusion, je rêve, et quand je me réveillerai, il n'en restera pas une trace. » Ou bien : « Toutes ces épreuves ne me concernent pas. Je ne sais pas à qui elles arrivent… peut-être à quelqu'un qui a mon apparence, mais en tout cas pas à moi. Moi, je suis en dehors de tout ça, je suis un esprit, je suis invulnérable et je peux regarder ces événements en simple spectateur. » Oui, vous n'avancerez vraiment dans la vie spirituelle qu'en sachant distinguer où est la vraie réalité.

Intérieurement nous prenons les formes, les couleurs, les mesures, la consistance, les vibrations des êtres et des objets que nous aimons. On peut donc dire que l'amour n'est rien d'autre qu'une nivellation, une osmose. Si vous aimez un être qui est plus pur, plus intelligent, plus noble que vous, automatiquement des échanges se font, et c'est vous qui en bénéficiez, qui vous élevez ; sa lumière, ses vertus s'installent en vous. Évidemment, pas tout de suite ; mais peu à peu vous commencez à lui ressembler. Puisque la loi de l'osmose se vérifie dans le plan physique, pourquoi ne serait-elle pas véridique aussi dans les plans astral et mental ?* La vie n'est faite que d'échanges, non seulement entre les êtres humains, mais dans le cosmos entre les corps célestes. Voilà pourquoi la terre deviendra un jour un soleil : parce que des échanges se font aussi entre la terre et le soleil.

* Voir note et schéma, p. 372 et 373.

Prier ne consiste pas à faire des réclamations au Seigneur pour qu'Il satisfasse nos désirs et facilite notre existence. La vraie prière est une respiration de l'âme qui se déploie dans les régions célestes, et cette respiration agit non seulement sur nos corps psychiques et spirituels, mais aussi sur notre corps physique. L'homme qui sait pourquoi il prie, et qui prie sincèrement, ardemment, déclenche dans son organisme une succession de processus qui vont jusqu'à changer le mouvement des électrons dans la substance même de son corps. Il faut s'efforcer de comprendre la nature de cette faculté que possède l'homme de se tendre vers un Être ou un monde qui le dépasse et au contact duquel il se régénère.

Quand Jésus disait : *« Nul ne va au Père que par moi »,* il s'identifiait au principe cosmique du Christ, Fils de Dieu, émanation du Père, qui existe en chaque être comme une étincelle enfouie : son âme supérieure. Cela signifie que l'homme ne peut réellement entrer en relation avec Dieu qu'à travers son âme supérieure. C'est par son âme supérieure que l'homme se lie au Christ et, à travers lui, à Dieu Lui-même. Seule notre âme supérieure, qui est une pure quintessence divine, peut aller à la rencontre de Dieu. Cette rencontre se prépare par la méditation, la contemplation, l'identification : tous ces exercices nous arrachent aux pesanteurs terrestres pour nous projeter jusqu'à notre vrai Moi qui se confond avec la Divinité.

Lorsque les angoisses et les tourments commencent à vous assaillir, ne restez pas là à lutter contre ces états négatifs, vous n'arriverez pas à leur faire lâcher prise. Vous devez trouver d'autres moyens.

Vous avez vu un oiseau picorer du grain sur le sol. Voici qu'un chat s'approche. Que fait l'oiseau ? Il n'attend pas le chat pour l'affronter, il s'envole. Vous direz : « Mais nous, comment nous envoler ? » En vous déplaçant par la pensée, par la prière, vers des régions où règnent la paix, la beauté et la lumière… Certains livres, certains morceaux de musique peuvent vous y aider, mais aussi le contact avec la nature, le travail de l'imagination. L'essentiel, c'est de ne pas rester sur place, mais d'arriver à changer de région.

17 Février

Du jour où ils ont décidé de se mettre au service du Seigneur, certains n'ont réussi qu'à se rendre insupportables, au point de se brouiller avec leur famille et leur entourage. Il faut que le monde entier sache qu'ils sont devenus de grands mystiques, de grands saints, et voilà les heurts, les affrontements. Eh non ! Celui qui décide de consacrer sa vie à Dieu et de L'aimer par-dessus tout, doit développer dans son cœur de plus en plus de générosité et d'amour pour son prochain. Parce que Dieu est amour. Si votre recherche de Dieu vous pousse à écraser et massacrer les autres, c'est que vous n'avez rien compris. Pour vous approcher de Dieu, vous devez commencer par penser et sentir que, comme Lui, tous les humains sont aussi en vous, qu'ils sont vous. À ce moment-là, au lieu de les combattre et de devenir vous-même un monstre, vous sentez leurs besoins, leurs soucis, leurs souffrances et vous êtes rempli du désir de les aider. Voilà comment on aime Dieu et comment on s'approche vraiment de Lui.

Celui qui ne se met pas au service de la lumière se met nécessairement au service des ténèbres. C'est une loi implacable. Volontairement ou non, consciemment ou non, si on ne choisit pas le Ciel, on se dirige vers l'Enfer ; si on ne décide pas de monter, on dégringole. Vous pensez : « La lumière ?... le Ciel ?... Qu'est-ce que c'est que ça ? Je veux être libre ! » Eh bien, vous ne pourrez pas empêcher les forces ténébreuses de venir s'installer en vous. Celui qui cherche la liberté de cette façon trouve l'esclavage. Il ne se rend pas compte qu'il se met sous l'influence d'entités obscures qui ont intérêt à l'exploiter. Il se laisse embarquer en s'imaginant que c'est lui-même qui souhaite, qui décide, alors qu'en réalité il fait les affaires d'un autre. La majorité des humains comprennent la liberté comme les enfants : ils se croient libres en faisant toutes sortes de choses déraisonnables ou dangereuses qui vont ensuite les limiter ou même les détruire, ils ouvrent les cages des fauves qui les déchirent et les dévorent. Seuls les sages savent que pour être libre, il faut d'abord se limiter en se mettant au service du monde divin.

Il est arrivé que certains viennent me reprocher : « Maître, vous nous avez dit qu'il fallait être ouvert aux autres, nous avons voulu suivre vos conseils, et voilà : nous avons été déçus, trompés, lésés... » Bien sûr, c'est toujours moi le fautif. Mais est-ce que je vous ai dit qu'il fallait être aveugle ? Non, n'est-ce pas ? Donc, si vous voyez quelqu'un se montrer injuste, malhonnête, méchant, ne fermez pas les yeux en vous disant que, puisqu'il faut faire confiance, il ne faut pas voir ses défauts. Au contraire, vous devez avoir les yeux bien ouverts, ne pas vous faire d'illusions, mais en même temps par votre attitude chercher à neutraliser les manifestations négatives chez cette personne, et même à éveiller les manifestations de sa nature divine. La vraie confiance est fondée sur la vigilance et non sur l'aveuglement.

Pourquoi vous montrer tellement exigeants à l'égard de la nature, des humains, du Créateur ? « Oui, mais nous avons des besoins ! » direz-vous. Eh bien, justement, parlons-en de ces besoins ! Étudiez un peu ce qui exige en vous. D'où vient cette voix qui réclame la facilité, le bien-être, les plaisirs, et qui refuse les efforts, les contraintes, les obligations ? C'est la voix de la nature inférieure. Et la nature inférieure, justement, est-ce vraiment vous ?… Non.

La nature inférieure fait partie de l'homme, mais elle n'est pas l'homme lui-même. Elle est comme une matière sur laquelle il doit travailler pour nourrir sa nature supérieure qui est immortelle, éternelle, et c'est à cette nature supérieure qu'il doit s'identifier. Tant que l'homme se confondra avec sa nature inférieure, il se dira : « C'est moi qui désire ceci, c'est moi qui ai besoin de cela, c'est moi qui suis blessé, c'est moi qui souffre… » et il ne trouvera jamais la lumière et la paix.

Celui qui se contente de croyances, parce qu'il ne sait pas sur quoi fonder sa foi, est comparable à une personne qu'on hypnotise. En mettant quelqu'un sous hypnose, vous pouvez le persuader, par exemple, qu'il est en train de faire un festin. Quand il reviendra à lui, il sera même capable de vous détailler le menu et se déclarera très satisfait de tout ce qu'il a mangé et bu. Pourtant, son estomac est resté vide, et à ce régime-là il péricliterait très vite. Eh bien, la crédulité est une forme d'hypnose : envers et contre tout certains croient ce qu'on leur fait croire ou ce qu'ils ont envie de croire. Et c'est ainsi que leurs croyances abusent la plupart les humains. Tandis que ceux qui savent travailler sur la foi, avec la foi, goûtent chaque jour des fruits très réels, des fruits nourrissants. Car la foi est toujours le résultat d'une expérience.

Le style… voilà ce qui compte le plus aux yeux de beaucoup et qu'ils apprécient dans les livres. Que le sujet soit tout à fait quelconque, vulgaire ou même scandaleux, que l'auteur bafoue tous les principes de la morale, ce n'est pas important. L'important, c'est le style. Si le style est nouveau, original, il faut s'émerveiller devant ce chef d'œuvre ! Mais pourquoi les gens se laissent-ils à ce point obnubiler ? Que diraient-ils si on leur offrait un paquet emballé de papiers de soie et de rubans magnifiques et qu'en ouvrant le paquet, ils découvrent qu'il est vide ?… ou bien qu'il contient des ordures, du poison, un gaz asphyxiant ? C'est entendu, on a besoin d'une boîte convenable, d'une belle présentation, d'une belle enveloppe, mais l'objet qui est dedans doit toujours avoir plus de valeur et de beauté que l'enveloppe. La forme n'est là que pour protéger, pour garder le contenu intact, et non pour attirer l'attention sur elle au point de faire oublier le contenu.

Il y a dans l'être humain quelque chose qui le pousse à se dépasser, à se surpasser. La preuve : qu'est-ce qui oblige les alpinistes à entreprendre l'ascension de sommets de plus en plus élevés et de plus en plus difficiles d'accès ? Qu'est-ce qui oblige les nageurs, les coureurs, à nager et à courir de plus en plus vite ? Qu'est-ce qui oblige les joueurs d'échecs à réfléchir des heures entières avant d'avancer un pion sur leur échiquier ? Rien, c'est eux-mêmes qui s'imposent de réaliser ces exploits ou de résoudre ces problèmes. Et quelle joie pour eux chaque fois qu'ils remportent une victoire ! Combien d'activités, jeux et compétitions de toutes sortes, les humains ont ainsi inventés ! Cela montre bien qu'ils éprouvent au plus profond d'eux-mêmes le besoin de repousser toujours plus loin leurs propres limites. Mais alors, ces qualités d'endurance, d'adresse ou d'intelligence dont ils sont capables de faire preuve quand il s'agit de jeux ou de compétitions, pourquoi ne pensent-ils pas à les appliquer dans la vie quotidienne ? Pourquoi, là, se plaignent-ils toujours d'avoir des efforts à faire ?

Malgré les difficultés qu'ils peuvent d'abord rencontrer, tout finit par plier devant ceux qui s'obstinent à marcher dans la voie du bien. Tandis que ceux qui, faute d'avoir bien examiné la nature de leurs projets, s'entêtent dans une direction erronée, même s'ils donnent au début l'impression de réussir, finissent un jour ou l'autre par échouer. Alors, avant de vous lancer dans une entreprise, étudiez bien la question. Et surtout lorsqu'on vient vous faire des propositions alléchantes, là, plus que jamais, vous devez vous montrer prudent, réservé. Lorsqu'on vous propose l'argent, les honneurs, le pouvoir, les plaisirs, méfiez-vous ! Les vrais succès, les succès durables ne s'obtiennent pas généralement par la facilité, mais par l'étude et le travail.

Parce que le haut et le bas sont liés, sachez que tout élan de votre nature supérieure peut provoquer une riposte de votre nature inférieure qui fera tout ce qu'elle peut pour vous faire abandonner vos bons projets. Chez le disciple qui a l'habitude de s'analyser et qui se montre vigilant, ces manigances de la nature inférieure ne réussissent pas, car pendant qu'il travaille, médite et construit dans le plan spirituel, il attire et place autour de lui des êtres invisibles qui veillent et le protègent.

Dans la franc-maçonnerie primitive, qui était basée sur une science véridique, on représentait le maçon en train de travailler avec une truelle dans une main et dans l'autre une épée pour se défendre. Le maçon est un symbole du disciple : en même temps qu'il construit, un autre être en lui, représenté par l'épée, surveille et projette un faisceau lumineux ; il s'assure ainsi qu'à la faveur de l'obscurité certains ennemis n'essaient pas de se faufiler pour détruire son œuvre.

« *Je suis le bon berger,* disait Jésus, *je connais mes brebis et mes brebis me connaissent.* » De la même façon, l'homme est un berger pour les cellules de son organisme, et il doit les protéger des loups qui cherchent à s'introduire dans la bergerie. Quels sont ces loups ? Non seulement les microbes, les virus, mais aussi les esprits malfaisants du monde invisible, les indésirables qui ne cessent de l'assaillir.

L'homme qui veut être un bon berger pour ses brebis doit s'instruire des vérités du monde divin et observer les lois de la nature. À ce moment-là, il entre en contact avec les régions de la lumière, et de là-haut il projette des rayons sur ses cellules afin de chasser les « loups » qui se sont introduits en lui. Voilà l'enseignement du Christ. Le véritable enseignement du Christ, c'est de mettre toute notre confiance dans la puissance de la lumière, dans la puissance de l'esprit qui vivifie, renforce, libère. À ce moment-là, comme Jésus, nous devenons un bon berger pour nos brebis.

Un Maître spirituel a longtemps, très longtemps, médité sur l'amour de Dieu et sur la meilleure façon de le manifester. Alors, quand il fait confiance aux humains, ce n'est pas parce qu'il a besoin d'eux ou qu'il espère en retirer quelques avantages personnels. Il leur fait confiance pour leur tendre une perche, pour leur donner une chance, car on ne sait jamais, leur nature divine peut toujours trouver le moyen de s'exprimer. Seulement, bien sûr, il doit être très fort, car lorsqu'on utilise cette méthode, il faut s'attendre à tout, au meilleur comme au pire.

Le jour où vous serez vous-même suffisamment fort, vous pourrez accorder votre confiance à tous les êtres, sans craindre de souffrir ou de vous effondrer s'ils ne se montrent pas à la hauteur de cette confiance. Mais en attendant, étudiez et exercez-vous !

Chacun sait comment utiliser un compas pour tracer un cercle… On place la pointe sur le papier pour avoir le centre, et c'est en gardant bien ce centre qu'on peut tracer la circonférence. Il y a donc d'abord le centre, la circonférence ne peut être tracée que si l'on tient d'abord le centre.

En faisant du cercle un symbole de la création, les Initiés ont voulu souligner cette idée que tout ce qui existe a un lien avec le centre et ne peut subsister qu'en conservant et en entretenant ce lien. Celui qui coupe le lien avec le centre, non seulement ne peut pas avoir une idée claire sur le monde ni sur les entités et les forces qui y travaillent, mais il se prive du courant de vie pure qui jaillit de la Source, Dieu Lui-même. L'équilibre de la vie cosmique est fondé sur les relations que la périphérie ne cesse d'entretenir avec le centre. Toutes les parties doivent converger vers le centre, car c'est lui qui soutient leur existence. Un exemple de ces relations entre le centre et la périphérie nous est donné par le système solaire, avec les planètes qui gravitent inlassablement autour du soleil dans un mouvement harmonieux.

Au cours d'une réunion, le Maître Peter Deunov, en Bulgarie, avait posé la question : « D'après vous, quelle est la différence entre le vieil enseignement et le nouvel enseignement ? » Personne n'ayant donné la bonne réponse, le Maître dit : « Le vieil enseignement nous apprend comment prendre, et le nouvel enseignement nous apprend comment donner. » Voilà, c'était bref, c'était clair… bien qu'il soit évidemment nécessaire d'ajouter beaucoup d'explications pour faire comprendre ce que prendre et donner signifient dans tous les domaines de l'existence. L'égoïsme, la colère, l'emportement, la jalousie, la grossièreté, le manque de conscience sont des défauts contenus dans le mot « prendre ». La bonté, la générosité, l'indulgence, l'abnégation, toutes ces qualités sont contenues dans le mot « donner ». Tout ce que l'on fait peut être une occasion de donner, c'est-à-dire de se montrer plus large dans sa compréhension, plus désintéressé dans ses relations avec les autres, en s'efforçant d'aimer plutôt que d'être aimé.

Chaque fois que vous faites le silence en vous pour prier ou méditer, de nombreux amis du monde invisible viennent vous apporter de l'aide, vous enlever quelques fardeaux. Et ensuite, quand vous retournez à vos occupations habituelles, ils ne vous quittent pas, ils continuent à travailler sur vous, à vous préparer, car ils ont besoin d'ouvriers pour le Royaume de Dieu. Donc, si vous voulez conserver leur amitié, soyez vigilant, tâchez de multiplier ces moments de silence afin de participer avec eux à la diffusion de la lumière.

Vous devez vous consacrer à une seule idée : la réalisation du Royaume de Dieu sur la terre. S'il ne vient pas extérieurement, il s'installera au moins en vous, et ce sera déjà magnifique. Même si votre travail ne peut pas transformer le monde, c'est au moins vous qui vous transformerez, parce que tout effort sincère produit un résultat et reçoit sa récompense.

Votre visage est le reflet, la somme des qualités et des défauts que vous avez nourris dans vos incarnations précédentes et qui se sont imprimés sur lui. Si vous n'êtes pas content de ce visage, vous ne pouvez pas maintenant y changer grand-chose ; alors ne vous occupez pas de lui. Occupez-vous de l'autre visage, votre visage intérieur, qui en est l'origine. Dès que vous lui apporterez consciemment une amélioration, peut-être personne autour de vous ne s'en rendra-t-il compte, mais les anges le verront et vous recevrez leurs bénédictions. Bien sûr, votre visage physique ne se modifiera pas tout de suite, mais après un certain temps sa résistance cédera sous la poussée de l'autre visage, car le visage de l'âme est puissant et il finit par imposer ses traits.

On l'a constaté tout au long de l'histoire : chaque fois que de nouveaux besoins apparaissent dans une société, il se trouve des personnes prêtes à les satisfaire en fournissant aux gens ce qu'ils réclament. C'est ainsi que, d'après ses besoins, l'humanité se transforme, évolue. Les besoins sont donc comme la mère de toutes les créations dans les différents domaines de l'existence.

On observe les mêmes lois dans les plans artistique et spirituel. Pourquoi y a-t-il si peu d'artistes qui créent des œuvres sublimes ? Parce que très peu de personnes sont capables de les apprécier ; les désirs et les besoins éclairés de quelques-uns ne peuvent pas influencer l'ensemble de la création artistique. Et si le Royaume de Dieu n'est pas encore venu sur terre, c'est parce qu'il n'y a pas beaucoup de gens qui en ont besoin. S'ils étaient nombreux à réclamer la paix et l'abondance pour le monde entier, elles viendraient.

C'est par votre attitude intérieure que vous vous approchez du Seigneur ou que vous vous éloignez de Lui. Tâchez donc de trouver la bonne attitude, pensez à Lui avec respect, émerveillement et amour. Par ces sentiments, vous entrez en harmonie avec Lui, vous vibrez à l'unisson avec Lui, et quelque chose de sa quintessence commence à descendre vers vous : vous sentez que vous vous éclairez de sa lumière, que vous aimez de son amour, que vous êtes libre de sa liberté, que vous vous réjouissez de sa joie. Quand vous aimez profondément un être, vous communiez dans les mêmes sensations : parce que vous vibrez à la même longueur d'onde. C'est une loi élémentaire de la physique, et les humains devraient davantage penser à appliquer dans le domaine spirituel les lois qu'ils ont découvertes dans le monde matériel.

Le Créateur n'a pas besoin de votre amour ou de votre vénération, mais c'est vous qui avez besoin de les éprouver afin de vous élever jusqu'aux mondes de la beauté, de la lumière et de la liberté qui sont les siens.

Au lieu d'admettre que les gens se détournent de la religion parce que ceux qui la représentent ne sont pas à la hauteur de leur tâche et ne savent pas comment parler des vérités de la foi, certains chrétiens en sont encore à accuser le Diable… le Diable qui se serait faufilé dans l'Église ! La vérité, c'est que si les humains n'ont pas en eux des éléments susceptibles de l'attirer et des portes ouvertes pour le faire entrer, le Diable est impuissant. Alors, pourquoi les chrétiens lui prêtent-ils les pouvoirs d'entrer partout sans que personne puisse l'en empêcher ? Les êtres humains seraient-ils des créatures tellement mal fabriquées (le Seigneur n'a certainement pas su comment s'y prendre !) que le Diable a tous les pouvoirs de se faufiler parmi eux, en eux ?

Eh bien, non, sachez-le, aucune force négative ne peut entrer quelque part si on ne le lui permet pas. C'est pourquoi il est dit dans la Science initiatique que l'homme est aussi puissant que le Seigneur, mais seulement pour refuser, pour dire « non ».

Le livre de la *Genèse* commence par le récit de la création du monde. Mais avant de décrire comment sont apparus tous les éléments de l'univers : le soleil, la lune, les étoiles, la végétation, les animaux et l'homme, Moïse écrit une phrase qui ne peut être interprétée qu'à la lumière de la Science initiatique : « *Et l'esprit de Dieu se mouvait au-dessus des eaux.* » Pourquoi au-dessus des eaux ? Parce que ces eaux représentent le chaos, la matière originelle informe que l'esprit de Dieu, le feu primordial, a pénétrée pour la fertiliser. L'eau est la matrice de la vie : la vie est sortie de l'eau, mais grâce au feu. Elle est donc le symbole de la matière première sur laquelle l'esprit travaille pour qu'elle produise des formes, car la première caractéristique de l'eau est son adaptabilité.

On attend d'un Maître spirituel qu'il fasse des révélations spectaculaires. Eh bien, non, un Maître spirituel ne fait pas de révélations spectaculaires, car il sait non seulement combien la vérité est difficile à révéler, mais encore que très peu de personnes veulent l'entendre. Et même celles qui le veulent ont rarement la force de la supporter. Bien sûr, un Maître révèle toujours la vérité, mais il faut entendre d'abord par là les lois et les méthodes qui permettent au disciple de faire tout un travail sur lui-même, et ensuite grâce à ce travail préparatoire il pourra accéder à la vérité. Sinon, que se passe-t-il ? Il y a d'abord ceux qui, quoi qu'on leur dise, ne peuvent pas comprendre, et c'est du temps perdu pour le Maître. Ensuite, il y a ceux qui comprennent de travers et qui inconsciemment se servent de cette vérité pour faire du mal aux autres et à eux-mêmes. Enfin, il y a ceux qui n'acceptent pas la vérité parce qu'elle les dérange : elle va contre ce qu'ils estiment être leurs intérêts. Oui, celui qui veut révéler la vérité aux humains s'expose à beaucoup d'incompréhensions.

L'incarnation est une lente descente dans la matière, au cours de laquelle notre esprit prend dans chaque région de l'univers les éléments qui constitueront ses différents corps : atmique, bouddhique, causal, mental, astral et enfin le corps physique.* Une fois incarnés dans le corps physique, nous ne nous souvenons plus des régions que nous avons ainsi traversées, des expériences, des découvertes que nous avons faites. Mais tout est là, inscrit au-dedans de nous. Et maintenant ceux qui veulent retrouver ces connaissances, atteindre cette mémoire millénaire, doivent vivre d'après les règles de la Science initiatique, se soumettre à certaines règles et pratiques enseignées par les grands Maîtres de l'humanité. C'est ainsi qu'ils parviendront à faire ressortir de la profondeur de leur être tout ce qu'ils ont vécu et connu dans les régions subtiles. Quant à ceux qui ne font pas d'efforts, cette remémoration sera toujours repoussée à plus tard, on ne sait quand !… et en attendant ils continueront à se poser les mêmes questions sur le sens de l'existence.

* Voir note et schéma, p. 372 et 373.

Seule la reconnaissance envers le Ciel peut vous sauver au moment des épreuves. Mais allez faire comprendre cela aux humains, eux qui ne remercient même pas pour les bonheurs qui leur arrivent ! Et pourtant, apprendre à remercier le Ciel même pour les difficultés et les malheurs, est la meilleure façon de les transformer. Si devant une épreuve vous vous mettez à pousser des cris, à vous révolter, vous la sentirez peser encore plus lourdement sur vous. Mais si vous dites : « Ô Seigneur, merci, certainement il y a une raison pour que cela m'arrive, je dois avoir quelque chose à apprendre. Je ne suis pas parfait et ces événements vont encore me servir à m'améliorer, à me renforcer », d'un seul coup vous sentirez quelque chose s'éclaircir en vous. Comme si vous aviez enveloppé ces difficultés d'une pellicule d'or pur, elles vous apparaissent sous un autre jour.

Comment se fait-il que des médecins, des infirmières aient pu vivre parmi les pestiférés, les lépreux, les tuberculeux, sans être contaminés… tandis que d'autres, même s'ils faisaient tout leur possible pour échapper à la contagion, les microbes les rattrapaient et ils étaient atteints ?… L'explication est simple : les premiers avaient une foi extraordinaire, un grand désintéressement, et un sang très pur, alors que les autres avaient laissé des impuretés pénétrer en eux, et les impuretés sont toujours une bonne nourriture pour les microbes et les virus. La pureté des pensées et des sentiments, dont dépend la pureté du sang, s'oppose à la maladie. Tandis que si le mal a pénétré dans les pensées, dans les sentiments, dans les désirs, voilà déjà la porte ouverte, et il est tellement facile ensuite pour le mal de descendre jusque dans le plan physique ! C'est dans le plan psychique tout d'abord que nous sommes vulnérables.

Comment entrer en relation avec Dieu, cet Être qui est pour nous tellement insaisissable, inaccessible, insondable ? La meilleure méthode pour se lier à Lui, pour Le sentir, Le toucher même, est de travailler avec la lumière, se concentrer sur la lumière, se plonger, se réjouir en elle, car la lumière est l'expression de la splendeur divine.

La lumière est comme un océan de vie qui vibre, qui palpite ; vous pouvez vous enfoncer en elle pour nager, vous purifier, respirer, boire, et même manger… Ce n'est qu'au sein de la lumière que vous saisirez quelque chose de l'essence de la Divinité.

« Je vous donne un talisman grâce auquel vous pouvez évoquer des esprits qui se mettront à votre service. » Voilà ce que beaucoup de disciples souhaitent s'entendre dire par leur Maître ! Mais ils sont encore tellement faibles et inexpérimentés qu'avec un tel talisman ils seraient broyés. Alors quel bien leur ferait leur Maître ? Dans la vie spirituelle encore plus qu'ailleurs, il est dangereux de vouloir brûler les étapes, et vous ne serez prêt à recevoir les plus grands secrets de l'Initiation que lorsque vous aurez pris en considération tous les sujets que vous trouvez pour le moment insignifiants et sans importance. S'exercer à la maîtrise, à la stabilité, à la patience, au désintéressement, à la générosité, d'après vous ce n'est pas intéressant ; mais c'est ce qui vous sauvera la vie, tandis que ce qui vous intéresse risque de vous apporter les plus grands malheurs. Révisez donc toutes ces règles et ces méthodes que vous avez jusqu'à maintenant laissées de côté comme quelque chose de secondaire ; après quoi vous pourrez aborder les domaines pour lesquels le plus grand contrôle de la pensée et du sentiment est nécessaire.

Si vous voulez acquérir la maîtrise de vos actes, commencez par surveiller vos pensées et vos sentiments, car ce sont eux les véritables forces. L'origine de tout ce qui se passe dans le plan physique n'est pas dans le plan physique, mais beaucoup plus loin, beaucoup plus haut. C'est vrai pour la terre dont les formes sont modelées par l'action du soleil, de l'air et de l'eau ; mais c'est vrai aussi pour nos actes qui sont le point d'aboutissement, la conséquence d'un mouvement qui a pris naissance beaucoup plus haut, dans le cœur et l'intellect, et quelquefois, mais plus rarement, dans l'âme et dans l'esprit. Voilà pourquoi vous devez donner beaucoup plus d'importance à la qualité de vos pensées et de vos sentiments qu'à celle de vos actes, car du moment que vos pensées et vos sentiments seront inspirés par la sagesse et l'amour, vos actes aussi porteront le sceau de la sagesse et de l'amour.

Chaque jour vous devez vous demander à quelle altitude vous vous trouvez, quelle altitude intérieure, bien sûr, et vous efforcer encore de monter plus haut, toujours plus haut. Vous en avez le droit, personne ne peut vous en empêcher ; c'est le seul droit absolu que Dieu ait donné à toutes ses créatures. Et quand vous montez, c'est-à-dire quand vous arrivez à vaincre une faiblesse, une tentation, un vice, et même à les transformer, le Ciel donne automatiquement des ordres à votre sujet : telle entité doit vous apporter son aide, telle capacité doit vous être accordée, telle condition dans votre vie doit être changée. Mais cela, ce n'est pas vous qui devez vous en occuper. Vous, vous n'avez à vous occuper que d'une chose : vous élever, franchir encore telle barrière, tel obstacle, telle difficulté. Tout le reste viendra naturellement.

La matière est d'origine divine, ses véritables racines sont en haut, tout près de Dieu : ce sont les quatre Animaux saints, les Séraphins. Mais à ce degré de pureté et de subtilité, elle est inconnaissable, inconcevable, car elle ne fait qu'un avec l'esprit. Cependant, puisque les découvertes de la physique vont dans le sens d'une plus en plus grande subtilité de la matière, peut-être les physiciens finiront-ils par mettre au point des appareils capables d'observer la structure et les mouvements de la matière éthérique.

Quant à la matière astrale et à la matière mentale, elles resteront pour toujours hors de portée de nos instruments. On peut seulement travailler avec elles, et d'ailleurs nous travaillons tous, vous travaillez tous avec cette matière, mais de façon inconsciente. Vos pensées, vos sentiments, vos états intérieurs sont des processus matériels, mais tellement subtils que les projections, les déplacements de matière qu'ils produisent restent imperceptibles.

La Balance, qui fait partie des constellations zodiacales, est un reflet de la balance cosmique, cet équilibre des deux principes, opposés mais complémentaires, grâce auxquels l'univers est apparu et continue à exister. Mais qui dit équilibre ne dit pas arrêt des oscillations, c'est-à-dire un état où les deux plateaux resteraient parfaitement immobiles. Car l'équilibre parfait signifierait non seulement la stagnation, mais le retour à l'indifférenciation originelle. Tant que la création ne sera pas achevée, la balance cosmique continuera à osciller. L'oscillation de la balance révèle que la création est toujours en devenir : elle tend vers l'équilibre absolu, donc vers l'immobilité, sans jamais l'atteindre. Le jour où elle l'atteindra, tout rentrera à nouveau dans le sein de l'Éternel.

Très peu de personnes sont capables de réussir en se lançant immédiatement dans de vastes entreprises. Il y a des domaines comme les affaires, la politique, l'art, où l'on voit des jeunes gens remporter rapidement de brillants succès ; mais comme, souvent, cette réussite n'a pas de bases solides, il arrive qu'ils dégringolent aussi vite qu'ils s'étaient élevés. Et alors, quelles déceptions, quelles souffrances et quelle vie gâchée ! Il est vrai qu'il existe des êtres exceptionnels que les échecs ne découragent jamais ; cela les stimule même, en les obligeant à se dépasser ; seulement ces êtres sont très rares.

Donc, quelles que soient vos ambitions et même si ces ambitions sont tout à fait légitimes, pour votre bon équilibre psychique vous devez toujours commencer modestement, afin de vous sentir encouragé et renforcé par chaque nouveau succès.

On entend souvent dire que l'être humain est peu de chose, et en apparence, c'est vrai. Mais la réalité, c'est que Dieu a mis dans tous les hommes et toutes les femmes la possibilité de progresser à l'infini… jusqu'à devenir comme Lui. C'est eux qui, en cultivant une mentalité déplorable, s'interdisent d'utiliser cette possibilité : ils sont comme chloroformés. Pourtant personne n'est absolument ligoté ; même les créatures les plus limitées possèdent les moyens de se dépasser, et si elles décidaient de tourner leur regard et leur pensée vers le Seigneur, à l'instant même elles s'apercevraient de leurs possibilités. Tout dépend seulement de la direction vers laquelle chacun porte ses désirs. Si l'essentiel pour lui est dans le plan matériel : le succès, l'argent, le plaisir… et qu'il ne laisse aucune place dans sa tête pour les valeurs spirituelles, évidemment il restera aussi faible et limité. Mais s'il décide de donner la première place à l'amour, à la beauté, à l'esprit, sans se préoccuper de savoir s'il sera riche ou pauvre, bien vêtu ou en guenilles, honoré ou ridiculisé, à partir de ce moment-là tout est possible pour lui !

On peut dire que la foi est un travail sur les croyances, oui, un travail de réflexion, de critique ; et celui qui n'est pas décidé à faire ce travail devient souvent la proie de superstitions. Car croyance et superstition, le passage de l'une à l'autre est facile. Comme l'être humain a toujours besoin de croire en quelque chose, ceux qui n'ont pas compris ce qu'est réellement la foi s'accrochent à toutes sortes de bricoles : tel objet est pour eux un porte-bonheur, tel nombre ou tel jour de la semaine leur est bénéfique et tel autre maléfique, la rencontre de telle ou telle personne sur leur chemin est interprétée comme de bon ou de mauvais augure, etc. Je ne nie pas qu'on puisse donner une signification aux objets, aux nombres, aux jours, aux rencontres, mais cela ne remplacera jamais une foi fondée sur les lois qui gouvernent notre vie psychique et spirituelle.

Au cours de l'année, le passage d'une saison à l'autre se fait par quatre points, appelés équinoxes et solstices, qui sont comme des nœuds de forces déterminés. Le déploiement de ces forces est organisé et réglé par de grands esprits chargés de leur répartition à la surface de la planète. Car il ne faut pas penser que tout s'opère mécaniquement dans la nature. Non, tous les changements sont produits par le travail d'entités qui ont la charge de s'occuper soit des plantes, soit des animaux, soit des hommes.

C'est l'Archange Raphaël qui règne sur le printemps. Cet Archange est à la tête de myriades d'esprits auxquels il donne l'ordre de travailler sur la régénération et la croissance de la végétation. Alors, dès le commencement du printemps, pensez à vous lier à l'Archange Raphaël, demandez-lui de vous rendre réceptif aux vertus cachées des arbres, des herbes et des fleurs, afin que la nouvelle vie puisse aussi pénétrer en vous.

Servir Dieu : il n'existe pas d'aspiration plus élevée. Mais parmi les milliards d'êtres humains qui sont sur la terre, très peu se préoccupent de savoir comment ils peuvent réellement se mettre au service de Dieu.

Celui qui veut servir Dieu doit commencer par travailler sur lui-même afin de sortir de ses habitudes et de celles du milieu dans lequel il vit, où la première place est donnée à la réussite matérielle, aux plaisirs, aux ambitions. Il sent ainsi s'éveiller en lui de nouveaux besoins, les besoins de s'instruire, de se perfectionner, de réaliser son être profond. Et surtout, il ne prend pas prétexte du fait qu'il s'est mis au service de Dieu pour aller prêcher les « mécréants » ou les persécuter, comme le font certains. Il s'efforce seulement de devenir un tel modèle de sagesse et d'amour, que les autres, en le voyant, chercheront à l'imiter.

23 Mars

Nous devons cultiver le côté extérieur pour la société et le côté intérieur pour nous-même, mais tout en ayant conscience que notre vie intérieure se propage et qu'elle touchera un jour le monde entier, tous les êtres sur la terre et dans le Ciel. L'activité extérieure est très réduite, mais l'activité intérieure est très vaste. Nos actes ne peuvent atteindre que peu de gens, alors que nos sentiments et surtout nos pensées peuvent atteindre tous les êtres. La pensée est beaucoup plus puissante et embrasse infiniment plus de choses que la volonté qui inspire nos actes ; elle est également plus subtile et possède davantage de possibilités. Par la pensée nous pouvons faire tout ce que nous voulons, même voyager dans l'espace ; tandis que la volonté, qui s'exerce dans la matière, rencontre de grandes résistances, son champ d'action reste très limité. Un jour, pourtant, mais dans des incarnations et des incarnations et après un immense travail psychique, l'activité de notre volonté suivra immédiatement celle de notre pensée.

Vous voulez faire naître de bonnes choses chez les êtres ? Manifestez-leur votre confiance. Oui, en faisant confiance à quelqu'un, vous l'encouragez dans la voie du bien, car vous éveillez en lui quelque chose qui n'avait peut-être pas eu jusque-là l'occasion de se manifester. Dans le désir de vous montrer que vous ne vous êtes pas trompé sur lui, il se sent obligé de faire des efforts. Bien sûr, parmi ceux à qui vous ferez confiance, il s'en trouvera toujours quelques-uns pour vous décevoir. Mais dites-vous que tout n'est pas perdu, car cette confiance que vous leur avez faite portera ses fruits plus tard : un jour, ils se rendront compte qu'en faisant appel à ce qu'ils ont de meilleur en eux, vous êtes leur véritable ami, alors ils auront honte de ne pas avoir été capables de répondre à votre attente et ils essayeront de réparer leurs fautes. Vous êtes étonné ? Eh bien, sachez que c'est ainsi que pense et agit un Maître spirituel, parce qu'il connaît la nature humaine, mais il connaît aussi les lois magiques. Malgré leurs méchancetés et leurs trahisons, il veut éclairer les humains, les aider, les rendre heureux, et pour cela il continue à faire confiance à leur nature supérieure.

Par la pensée, nous avons la possibilité de prendre dans l'univers tous les éléments dont nous avons besoin, ainsi que d'atteindre tous les êtres que nous voulons toucher. Oui, c'est la pensée qui, par la loi d'affinité, se charge d'aller trouver ces éléments ou ces êtres. Même si celui auquel vous pensez est au bout du monde, parmi les six milliards d'individus qui sont sur la terre, votre pensée ira exactement vers lui et non vers un autre ; c'est comme si elle était aimantée afin de pouvoir toucher justement cette personne. Donc, désormais, quand vous voulez obtenir un élément de l'univers ou toucher un être, pensez à cet élément ou à cet être sans vous préoccuper du lieu où il se trouve. À condition d'être intense, votre pensée ira droit au but.

Préparez en vous les conditions pour recevoir et retenir les êtres invisibles qui descendent pour nous aider. Oui, n'oubliez jamais que des êtres divins sont toujours prêts à nous visiter et qu'ils cherchent un endroit dans notre cœur, dans notre âme, dans notre esprit pour s'installer, pour travailler et nous apporter leurs richesses. La seule chose qui peut éloigner ces entités, c'est la négligence des humains, le peu de cas qu'ils font de leur présence et de leur aide. Que les humains soient imparfaits, faibles, bébêtes, elles le savent, et elles les excusent même, elles ne s'arrêtent pas à cela ; au contraire elles disent : « Oh ! dans quel état ils sont, les pauvres, il faut les secourir ! » Mais si elles voient que les humains n'apprécient pas ce qu'elles leur apportent, elles les quittent. Ce n'est pas qu'elles aient besoin de leur considération ou de leur gratitude, non, mais elles savent que l'ingratitude empêche les êtres de profiter des bénédictions qu'ils peuvent recevoir.

Rien n'est possible sans la foi. Mais pour retrouver la santé, croire ne suffit pas, il ne faut pas se contenter de croire et attendre que le miracle se produise. Il faut faire un travail intérieur par la pensée. Et le travail de la pensée ne consiste pas à répéter: « Je serai en bonne santé, je n'aurai plus mal à la tête… ou au foie ». Le véritable pouvoir de la pensée sur le corps physique ne s'acquiert que si on parvient à s'élever au-delà des plans astral et mental, afin d'atteindre le plan causal.* Au fur et à mesure que vous vous élevez intérieurement, vous découvrez que les éléments avec lesquels vous entrez en contact dans les régions supérieures sont de plus en plus puissants, qu'ils ont un champ d'application de plus en plus vaste. Et lorsque vous parvenez au plan causal, vous entrez en possession des vrais pouvoirs: ceux qui sont capables d'introduire l'ordre et l'harmonie dans toutes les autres régions en vous, et c'est ainsi que vous retrouvez la santé.

* Voir note et schéma, p. 372 et 373.

28 *Mars*

L'enfant à qui on donne à manger ne comprend pas comment les énergies contenues dans la nourriture vont contribuer à son épanouissement physique, moral, intellectuel ; mais on n'attend pas qu'il comprenne pour le nourrir. Eh bien, on ne doit pas non plus attendre que l'enfant comprenne pour lui donner certaines notions de spiritualité. Car plus tard, tout ce qu'il aura ainsi enregistré sans comprendre apparaîtra à sa conscience et il pourra en bénéficier ; il s'en servira et sera beaucoup plus équilibré que les enfants qu'on a écartés de certaines préoccupations sous prétexte qu'elles n'étaient pas de leur âge. La vie spirituelle, ce n'est pas comme les mathématiques, la physique, la chimie, qui nécessitent un certain développement intellectuel. La vie spirituelle, c'est, pour l'âme de l'enfant, comme la langue maternelle dont il s'imprègne en l'entendant parler autour de lui.

29 Mars

Il existe une justice et deux injustices. Vous ne me croyez pas ? Eh bien, voilà : vous allez chez l'épicier acheter un kilo de cerises. Il peut vous donner exactement un kilo… ou un peu moins… ou un peu plus… Dans le premier cas, il est juste. Dans les deux autres il est injuste, mais, bien sûr, cette deuxième injustice est très bien accueillie par les clients : ils aimeraient beaucoup que tout le monde soit aussi injuste que ce bonhomme-là ! Alors que la première injustice ne leur plaît pas du tout. Vous voyez : il existe donc bien une justice et deux injustices.

On conseille toujours aux gens d'être justes. Eh bien, moi je vous conseillerai au contraire d'être injustes, c'est-à-dire d'apprendre à travailler avec l'amour. Oui, l'amour est la plus grande injustice qui existe : que la personne le mérite ou ne le mérite pas, vous lui donnez quelque chose. Personne peut-être n'a jamais placé l'amour parmi les injustices, mais moi, je vous le répète : l'amour est une injustice magnifique et je vous conseille à tous d'être injustes de cette façon !

Conformément à la loi des correspondances énoncée par Hermès Trismégiste dans la Table d'Émeraude, tout ce qui est en bas est comme ce qui est en haut, et tout ce qui est en haut est comme ce qui est en bas. C'est donc que sur la terre aussi, il doit exister une expression visible, tangible, du monde inaccessible de la vérité.

Cette expression, c'est le soleil. Oui, la vérité est comme le soleil, elle nous permet de voir clairement les choses. C'est pourquoi parmi les cinq vertus : amour, sagesse, vérité, justice, bonté, la vérité est liée aux yeux. Vous dites que vous cherchez la vérité ? Ne voyez-vous pas qu'elle est là, représentée devant vous dans le soleil ? Pendant que vous continuez à la chercher dans l'obscurité, le soleil, lui, continue à briller. Tâchez enfin de vous apercevoir qu'il est en train de vous dire : « Regarde-moi, essaie de me ressembler, je viendrai m'installer en toi et tu posséderas la vérité. »

Méditez sur la puissance du soleil qui pénètre la terre de ses rayons : c'est grâce à eux qu'elle se couvre de feuilles, de fleurs et de fruits. Le monde entier est nourri grâce à cette pénétration de la terre par le soleil. Et vous, c'est tout un travail que vous pouvez faire par la méditation, la concentration, afin que les rayons du soleil vous pénètrent, tout comme vous pénètrent la nourriture, l'eau et l'air. Oui, c'est possible : en étant conscient qu'à travers ses rayons le soleil vous communique sa vie, vous vous préparez à les recevoir. Vous ouvrez en vous-même des milliers de portes par lesquelles ces rayons peuvent entrer. Et non seulement vous améliorez votre santé, mais vous purifiez vos sentiments, vous éclairez vos pensées.

1 Avril

Au printemps, lorsque les arbres refleurissent, ils mettent de nouvelles parures, et tous sont heureux d'aller les contempler, ils se sentent bien auprès d'eux. Il en est de même des êtres humains. Pourquoi quelqu'un vous attire-t-il davantage à certains moments qu'à d'autres ? Il a pourtant la même apparence physique qu'avant, mais vous l'aimez parce qu'il s'est couvert de fleurs – symboliquement parlant. On n'aime pas les arbres ternes et nus. Donc, si vous sentez qu'on ne vous aime pas, ou qu'on ne vous aime plus, dites-vous : « Je suis en train de traverser l'hiver, mais dois-je pour cela me désoler ? Non, je travaillerai et le printemps reviendra. » Se décourager, c'est ne pas comprendre que la vie est un mouvement perpétuel. Même si actuellement vous êtes en train de traverser l'hiver, gardez confiance : l'esprit reviendra se manifester et vous fleurirez à nouveau.

Chaque religion a un jour plus particulièrement réservé au culte. C'est très bien, mais que ce soit le vendredi, le samedi, le dimanche ou un autre jour, aux yeux de Dieu quelle différence peut-il y avoir entre eux ? Aucune. Pour Lui, tous les jours sont également sacrés, bénis. Et ils doivent l'être pour nous aussi. Passer six jours à oublier le Seigneur dans des préoccupations et des activités matérielles, prosaïques, et le septième, enfin, tourner ses regards vers Lui en allant L'adorer une heure ou deux dans un bâtiment consacré, quel sens cela a-t-il ? Dans quel état arrivez-vous devant Lui si vous avez vécu six jours dans l'inconscience et la trivialité ? Croyez-vous qu'Il apprécie cette hypocrisie ? Et croyez-vous que cette attitude vous apporte quelque chose ? Il ne faut pas se faire d'illusions : ce que l'on vit le septième jour dépend de la façon dont on a déjà vécu les six autres, et donc c'est chaque jour qu'il y a des efforts à faire pour se rapprocher de Dieu.

Parce qu'il est invisible, la plupart des humains n'ont ni foi ni confiance en la puissance du monde divin qui éclaire, guide et soutient ceux qui travaillent d'après ses lois. Ils préfèrent se fier aux calculs et aux manigances de leur nature inférieure, qui à travers leur intellect ne cesse de les égarer. C'est pourquoi ils n'arrivent pas à leurs fins : extérieurement ou intérieurement, le monde divin leur met des obstacles. Tandis que tous ceux qui respectent les lois et comptent sur le Ciel ne sont jamais abandonnés : même si le monde entier les rejette ou les persécute, ils sont soutenus, encouragés, éclairés. Si vous vous obstinez à nourrir en vous des conceptions erronées, la vie se chargera de vous montrer que vous vous trompez. Jusqu'à ce que vous compreniez en qui et en quoi vous devez avoir confiance…

4 Avril

Si on réduit la religion à des préceptes qu'il faut accepter indépendamment de l'expérience et des actes qui devraient les accompagner, cela revient à séparer la religion de la foi ; et il ne reste donc plus que des croyances qui ne sauveront personne. Les paresseux ne sont jamais sauvés. Sans travail intérieur, sans effort, sans expérimentation, quel résultat peut-on attendre ? Il est dit dans les Évangiles que la foi est capable de transporter des montagnes. Mais tant que les croyants répéteront des formules, des gestes, des rites, sans comprendre leur raison d'être, leur foi ne transportera pas les montagnes, elle ne fera aucun miracle. Et quand je parle de miracle, il ne s'agit ni de guérir les malades, ni de ressusciter les morts, mais de notre propre transformation, de notre propre guérison, de notre résurrection.

Faire chaque jour les mêmes exercices, réciter les mêmes prières, observer les mêmes règles de conduite, tout cela est bien ennuyeux, pensent les disciples. Mais alors, pourquoi ne trouvent-ils pas ennuyeux de manger trois fois par jour le même pain, de boire la même eau ? Ils prennent tous les jours à peu près la même nourriture pour être capables d'apprendre, de travailler, d'aimer, de vivre. Eh bien, dans le plan spirituel aussi il est nécessaire de se nourrir, et non pas une fois par semaine ou une fois par mois ! C'est tous les jours qu'il faut prendre les mêmes nourritures célestes, pour devenir capable de vivre la vie de l'âme et de l'esprit. Les enfants de Dieu, qui savent manger le pain céleste, sentent qu'il leur apporte la vie et qu'ils peuvent ensuite donner à tous leurs amis quelques parcelles de cette vie.

6 Avril

C'est toujours l'homme, par sa vie intérieure, qui détermine les conditions dans lesquelles il est obligé de vivre. Quelqu'un, supposons, en est réduit à se construire une misérable baraque avec quelques planches et de la tôle. Dans cet inconfort, évidemment il souffre. Maintenant, quelle est la vraie cause de sa souffrance : les conditions matérielles, c'est-à-dire la baraque, ou alors lui-même, qui s'est mis dans de si mauvais draps ?… N'est-ce pas lui-même qui, par paresse, par incapacité ou pour tout autre raison, n'a pas su se procurer les moyens de vivre dans de meilleures conditions ? « Oui mais, direz-vous, s'il s'est à ce point limité, c'est parce qu'il est né dans une famille misérable qui ne lui a donné aucune instruction, etc. Sa situation actuelle est donc le résultat de mauvaises conditions de départ. » Oui, mais ce n'est encore là que l'apparence, car s'il est allé s'incarner dans cette famille, c'est qu'il n'avait rien fait dans les précédentes incarnations pour mériter mieux. Les conditions matérielles sont toujours les conséquences d'un processus dont la cause est l'homme lui-même.

Quand il est question de combattre un adversaire commun, immédiatement les gens font taire leur dissensions et l'on entend prononcer le mot « unité ». Le reste du temps, c'est une notion particulièrement négligée. Pour faire l'unité ils attendent qu'il y ait quelque part des ennemis à abattre…

Eh bien, non, ce n'est pas cela, la véritable unité. La véritable unité ne combat personne, n'exclut personne, au contraire. Car celui qui travaille à s'élever par la pensée jusqu'à ce sommet qu'est l'unité, commence à sentir que tous les êtres humains sont liés. Et c'est vrai, en haut dans le monde divin nous formons tous une unité, car non seulement nous sommes chacun une cellule du grand corps cosmique, mais la petite cellule que nous sommes reflète la totalité de ce corps. Aussi, celui qui croit que, les autres étant extérieurs à lui, il ne souffrira pas du mal qu'il peut leur faire, se trompe lourdement. En faisant du mal aux autres, c'est à nous aussi que nous faisons du mal, même si pour le moment nous ne le sentons pas.

La découverte, par les physiciens, d'ondes qui parcourent l'espace, aurait dû inciter les spécialistes d'autres disciplines à étendre leurs recherches dans le domaine psychique. Fabriquer des postes de radio qui peuvent recevoir des émissions du monde entier, c'est magnifique. Mais le cerveau humain est aussi un appareil qui émet et capte des ondes et il serait beaucoup plus important de faire des investigations de ce côté-là. Bien sûr, la télépathie est maintenant reconnue par certains scientifiques, mais combien en ont tiré les conséquences concernant l'éducation et la maîtrise de la pensée ? Et ce n'est pas tout : maintenant que les chercheurs ont constaté que les ondes ne connaissent pas de frontières, afin d'être en accord avec cette découverte ils doivent, sans relâche, alerter les consciences, afin que dans le monde entier tous travaillent à l'abolition des frontières entre les pays, entre les cultures.

Le nombre 2 est le nombre de la construction : il nous parle des deux principes masculin et féminin avec lesquels Dieu a créé le monde. Il faut être deux pour faire un enfant et tout travail est une association d'au moins deux personnes, deux entités ou deux principes : chacun projette quelque chose vers l'autre, et il se fait ainsi des allers et retours, un tissage entre eux. C'est ce qui se passe aussi en nous avec notre cœur et notre intellect : l'intellect guide le cœur et le cœur lui communique ses élans. C'est ainsi qu'ils construisent.

On doit être deux pour travailler, mais cette association est souvent difficile. Aussi, pour créer de bonnes associations, faut-il être prudent et savoir conserver certaines distances. Croyez-vous qu'un pont serait solide si les piles de l'arche étaient trop rapprochées ?

La souffrance est pénible, évidemment, et il est normal que nous cherchions à l'éviter. Mais si nous ne souffrions pas, nous ne prendrions jamais nous-mêmes la décision de nous transformer. Et comme de toute façon il est impossible d'échapper à la souffrance, au lieu de nous révolter contre elle, nous devons comprendre son utilité, car elle est un feu qui brûle les impuretés.

Le feu possède une propriété qu'il faut connaître : il ne détruit jamais ce qui est de même nature que lui. Au moment où il pénètre en l'homme, il ne brûle que ses impuretés ; la matière qui est pure ne se consume pas, elle résiste au feu et devient lumineuse parce qu'elle vibre à l'unisson avec lui. C'est cette matière qui forme notre corps de gloire, notre corps de lumière dont parlent les Écritures. Quand l'Initié réussit à allumer le feu divin en lui, il embrase la matière de son être et la fait briller comme un soleil.

Aimer et être aimé, donner de l'amour et en recevoir, voilà ce dont les humains ont le plus besoin. Et la vérité, c'est qu'ils ont encore plus besoin d'aimer que d'être aimés. L'amour est le seul qui soit capable de nous vivifier, de nous inspirer, il est la plus grande source de bénédictions. C'est pourquoi n'empêchez jamais votre cœur d'aimer. Aimez sans arrêt, toute la création, toutes les créatures, mais en cherchant toujours la meilleure expression à donner à votre amour.

Maintenant, bien sûr, vous devez aussi vous montrer prudent. Si vous exposez trop votre amour, vous courez le risque qu'on abuse de vous. Donc là, c'est la sagesse qui doit venir dire son mot. Elle vous apprendra comment faire preuve de réserve sans pour autant étouffer votre amour, sinon, c'est vous qui mourrez. Oui, il vaut mieux, le plus souvent, ne pas montrer votre amour, mais le garder intérieurement afin qu'il fasse son travail.

Les humains ont tendance à penser qu'eux seuls dans l'univers sont véritablement vivants et intelligents. Eh bien, c'est faux, et cette idée erronée est la cause de ce que, depuis des siècles, la mort s'installe dans la culture et les mentalités. Si vous voulez être véritablement vivant et intelligent, pensez que tout autour de vous, les pierres, les arbres, les montagnes, le ciel, le soleil sont aussi vivants et intelligents que vous, et même davantage. Voilà la psychologie des Initiés.

Tant que les humains s'imagineront qu'ils sont les seules créatures pensantes et que tout le reste de l'univers ne pense pas, ne comprend pas, n'est pas sensible, ils ne pourront faire aucun progrès. Pensez que le soleil est un être intelligent et vivant, et il vous instruira. Un jour, le monde entier sera obligé de reconnaître cette vérité.

La communion des chrétiens, cette partie de l'office où le prêtre consacre le pain et le vin qu'il distribue ensuite aux fidèles, rappelle le dernier repas que prit Jésus avec ses disciples. Mais ce n'est pas Jésus qui l'a instituée, elle existait déjà bien avant lui, puisque la Genèse rapporte comment Melkhitsédek, sacrificateur du Très-Haut, était allé à la rencontre d'Abraham en lui apportant le pain et le vin.

La communion est un acte fondamental de la vie spirituelle et il n'est pas besoin pour communier de recevoir une hostie, ou du pain et du vin bénis par un prêtre. Chaque jour, à chaque repas, vous pouvez communier par l'intermédiaire de la nourriture. Oui, chacun de vous peut devenir un sacrificateur – c'est une vocation qu'il a intérieurement devant l'Éternel – et se présenter lui-même pour officier devant ses cellules et leur donner à manger et à boire. Si vous êtes conscient de ce rôle, vos cellules recevront quelque chose de sacré et vous ressentirez la joie qu'elles éprouvent, parce qu'elles auront enfin accompli la tâche à laquelle elles sont prédestinées.

Pourquoi attendre des miracles avec la conviction que, s'ils se produisaient, vous changeriez votre existence ? Eh non, vous auriez vite oublié et vous retourneriez à votre vie prosaïque. Il y a eu dans le passé des Initiés qui faisaient des prodiges. Bien sûr, pendant quelque temps ceux qui y avaient assisté étaient impressionnés, mais cela ne les empêchait pas de continuer à s'amuser, à commettre des crimes, ou même de brûler celui qui avait fait ces prodiges. Jésus faisait des miracles devant une foule émerveillée, et après l'avoir accueilli triomphalement dans Jérusalem en criant : *« Hosanna au Fils de David ! »*, peu de temps après, cette même foule criait : *« Crucifiez-le ! »* Donc, souvent, faire des miracles ne sert qu'à amuser le public.

Il faut chercher les vrais miracles dans le soleil qui se lève, dans une fleur qui s'ouvre, un enfant qui sourit, ou dans la façon dont l'être humain a été conçu par le Créateur… Mais le plus grand miracle, c'est la transformation du cœur humain, parce que c'est ce qu'il y a de plus difficile.

Quel est le pouvoir des images saintes ? Devant les statues, les icônes, non seulement les fidèles prient, chantent, s'agenouillent, brûlent des cierges, mais ils les embrassent, les fleurissent et les transportent en procession. L'image est là, en plâtre, en bois, en tissu ou en marbre, muette, immobile, et les croyants lui demandent de les sauver. Ils ont foi en elle, et c'est vrai qu'ils obtiennent certains résultats. Pourquoi ? Est-ce l'image qui agit ? Non. C'est l'intensité des énergies psychiques projetées par les fidèles. Ces énergies s'accumulent sur l'image qui devient un conducteur : elle transmet leurs prières et leurs supplications ; à travers l'image qui n'est qu'un intermédiaire, leurs demandes montent jusqu'au Ciel à cause de l'intensité de leur foi. C'est eux qui font tout, pas l'image. Elle ne peut quelque chose pour eux que parce qu'ils ont la foi.

La nature a placé partout des signes pour instruire les disciples et leur faire comprendre les transformations qu'ils doivent produire en eux. Jusque-là ils ressemblent à des chenilles lourdes et laides qui mangent les feuilles des arbres et font toutes sortes de dégâts. Il faut qu'ils se décident à rentrer en eux-mêmes pour réfléchir, méditer sur la nécessité de renoncer à certaines tendances inférieures. Ils déclencheront ainsi de nouvelles forces, et après quelque temps, à l'image de la chenille, ils sortiront comme des papillons légers et libres qui ne détruisent pas les feuilles, mais se nourrissent simplement du nectar des fleurs. Le papillon est un symbole de l'âme échappée à toutes les limitations, et c'est cela la résurrection, la vraie. Le corps physique ne ressuscite pas ; la résurrection, c'est le réveil en l'homme de quelque chose qui s'était endormi et qui, un jour, après un long travail de maturation, s'éveille à la lumière.

17 Avril

Combien d'événements peuvent chaque jour vous rendre la vie pesante, sombre et surtout prosaïque ! Mais vous ne devez pas permettre à ces événements de vous influencer. Pour éviter de vous alourdir, vous assombrir, il y a tellement de possibilités !

Pensez à ce magnifique jardin qu'est le Paradis, et dites-vous que vous êtes une fleur de ce jardin du Seigneur, une fleur avec des couleurs magnifiques, un parfum délicieux… Qu'est-ce qu'une fleur ? Elle ne sait ni chanter, ni danser, ni jouer d'un instrument, elle est là seulement avec ses couleurs et son parfum, et les plus grands artistes s'extasient devant elle… Alors, et nous, si nous savons être comme des fleurs, pourquoi les esprits célestes ne viendraient-ils pas aussi s'extasier ? Ils diront : « Oh ! Quelle gentille fleur ! » et ils s'occuperont de nous pour nous rendre encore plus purs, plus lumineux et plus parfumés. N'est-ce pas là une image qui vous permettra de résister aux lourdeurs, aux ténèbres, et de vivre une vie poétique ?

Développer tant de capacités et de talents, entreprendre tellement de réalisations grandioses, explorer l'univers depuis le fond des mers jusqu'aux étoiles, quels avantages les humains en retireront-ils, finalement, si tout cela doit être continuellement menacé de destruction parce qu'ils ne savent pas vivre ensemble ? Eh oui, vivre ensemble, rien n'est plus important. Malheureusement, cette science n'a jamais été inscrite au programme des universités. Il existe des écoles et des livres qui vous enseigneront tout, absolument tout, mais pour apprendre à vivre là, les uns à côté des autres, vous ne trouverez ni école ni livre. Alors, vous au moins qui êtes dans la Fraternité Blanche Universelle, comprenez que la principale raison de votre présence ici est de vous préparer à réaliser un modèle de vie collective. Vous avez toutes les règles et les méthodes pour apprendre à vivre ensemble, fraternellement, en harmonie.

La volonté se manifeste par la concentration. Quand vous voulez écouter des paroles ou de la musique, votre attention se concentre dans vos oreilles. Quand vous voulez observer ou lire, elle se concentre dans vos yeux. Quand vous voulez courir, sauter ou lancer un objet, elle se concentre dans vos jambes ou dans vos bras. De même qu'au moment de livrer bataille un général concentre des soldats et des canons sur des points stratégiques déterminés, de même, d'après l'activité que vous avez choisi d'exercer, vous concentrez vos forces, vos énergies, votre attention dans telle ou telle partie du corps.

Toute la nature travaille à l'aide de la concentration : concentration des sucs, des substances, des rayons, des ondes… La concentration est une accumulation de matériaux, d'énergies, dans un espace limité ; elle est destinée à former, à cristalliser un projet, un désir. C'est pourquoi, si nous voulons réaliser un idéal divin, nous devons apprendre à nous concentrer.

Si vous savez comment l'étudier, et surtout l'appliquer, la Science initiatique vous donnera tout ce dont vous avez besoin pour résoudre vos problèmes. Ne vous contentez plus, comme vous le faites trop souvent, de vous exclamer devant la beauté de certaines idées en disant qu'elles vous font du bien. L'émerveillement, la sensation de bien-être, cela ne suffit pas pour que s'impriment en vous des vérités que vous saurez ensuite appliquer. Et cette attitude n'est pas seulement préjudiciable à la vie spirituelle ; avec cette mentalité, même si vous passez votre vie à voyager, à lire, à aller au concert, au théâtre, dans les musées, vous resterez toujours ignorant, faible, chétif. Partout où se présente quelque chose de beau, d'agréable, il faut toujours chercher ce qu'il y a à apprendre, à comprendre.

Seule la lumière est un guide sûr. C'est pourquoi, avant de prendre une décision importante, concentrez-vous quelques minutes dans le monde de la lumière, et demandez comment agir. La réponse vous viendra sous la forme de pensées, de sentiments, de sensations ou de symboles. Si cette réponse est claire, vous pouvez agir. Mais si vous éprouvez une appréhension, un trouble, si vous vous sentez incertain, c'est que des obstacles, des courants hostiles vous barrent le chemin. Alors, remettez votre décision à plus tard, reposez la question et n'agissez pas avant que votre route soit claire et libre.

Le cœur et l'intellect sont comme des écrans sur lesquels des êtres du monde invisible, des esprits de la sagesse projettent des réponses aux questions que vous vous posez. Donc, au lieu de vouloir à tout prix réaliser vos propres projets, demandez au monde divin s'il n'a pas des intentions, des projets plus convenables pour vous, et écoutez bien les réponses qu'il vous donnera.

Efforcez-vous de prendre conscience de toutes les richesses que Dieu vous a données, et votre cœur se remplira d'amour, vous ne penserez qu'à aider les autres, à les éclairer. Celui qui se sent riche ne peut pas garder pour lui-même tout ce qu'il possède, il est obligé de faire des distributions. Tandis que celui qui n'est pas conscient de ses richesses, qui passe son temps à énumérer tout ce qui lui manque, est évidemment poussé à en vouloir à tous ceux qu'il croit plus riches que lui ; il ne lui reste donc qu'à les attaquer pour leur prendre ou pour détruire ce que, d'après lui, ils ont en trop et qui devrait lui appartenir. C'est toujours la pauvreté, la pauvreté sous toutes ses formes – matérielle, morale, spirituelle – qui est à l'origine de tous les crimes. Alors, si vous voulez être un bienfaiteur de l'humanité, sentez-vous riche de toutes les richesses que Dieu vous a données et que personne ne peut vous prendre.

À l'origine de la vie, il y a le feu. C'est lui qui possède le secret de la vie éternelle. Il est donc important de chercher à le connaître, à l'attirer, à s'harmoniser avec lui pour devenir son ami. Regardez des branches d'arbre en train de brûler. Si cette vie contenue dans le bois est tellement précieuse, c'est qu'elle vient du soleil. L'arbre est une créature vivante qui sait non seulement fixer l'air, l'eau et la terre qui entreront dans la formation de ses racines, de son tronc, de ses branches, mais aussi attirer et accumuler l'énergie solaire.

Efforcez-vous donc d'entrer en amitié avec le feu. Mais tout en regardant des branches brûler, souvenez-vous que c'est dans le soleil que vous trouverez le véritable feu, source de vie. C'est pourquoi je ne cesserai jamais de vous rappeler les bienfaits que peut nous apporter le soleil à son lever. Contempler le lever du soleil, c'est chercher à recevoir ce fluide vivant qui circule dans l'univers, afin qu'il nous purifie, nous renforce, nous illumine.

Ne prenez pas toujours la justice comme règle de conduite. Donnez toujours plus que ce que vous devez, et pardonnez à ceux qui vous ont fait du mal, c'est ainsi que vous gagnerez des amis.

La justice était utile à une époque où l'on ne pouvait pas encore accepter l'enseignement de l'amour. L'Ancien Testament ne parle que de la justice : *« œil pour œil, dent pour dent »*… Mais si nous continuons à agir de même aujourd'hui, nous perdrons beaucoup, car c'est toujours la justice que nous rencontrerons. Tandis que si nous travaillons d'après la loi de l'amour, c'est l'amour qui viendra nous visiter.

La loi de justice est nécessaire comme base de la morale, mais elle n'est pas suffisante pour établir sur la terre le Royaume de Dieu… *« et sa Justice »* (cette Justice divine qui n'est pas celle des hommes). L'amour est toujours au-dessus de la justice.

L'homme doit travailler avec l'intellect, il doit développer son corps mental afin de se manifester en tant qu'individu autonome et maîtriser le monde matériel. Mais, en même temps, il doit veiller à ce que son intellect ne prenne pas la prépondérance au détriment de toutes ses autres facultés et possibilités d'exploration, comme cela se produit de plus en plus à l'époque actuelle. Car tel qu'il est en train de se manifester chez la plupart de nos contemporains, on peut dire que l'intellect devient un instrument de destruction. Plus ils se fient à lui, à la manière dont il aborde les questions et tire des conclusions, plus ils se coupent des créatures, visibles et invisibles, car la vie subtile de l'univers, de l'âme et de l'esprit échappe à leurs investigations.

Avec leurs conceptions tellement étroites de la religion, combien de chrétiens donnent encore de la Divinité une image repoussante, monstrueuse ! Ce qui ne les empêche pas de répéter que « Dieu est Amour ». On le leur a dit et ils le répètent, mais leur comportement révèle exactement le contraire. Ils ont donc beaucoup de progrès à faire s'ils veulent vraiment qu'on arrive à croire que leur Dieu est Amour !

Certains diront : « Nous devons proclamer notre foi et la défendre. » C'est entendu, mais la foi et l'amour ne sont pas, en principe, deux mondes séparés : ils sont liés et se soutiennent. Tant qu'on n'a pas compris ce qu'est la foi véritable, il ne peut pas y avoir d'amour. Et inversement, tant qu'on ne sait pas manifester l'amour, on ne peut pas prétendre avoir la vraie foi. Il est juste d'avoir une foi et de la défendre, mais il ne faut pas vouloir l'imposer aux autres, car alors cela ne s'appelle plus de la foi, mais du fanatisme.

« Je prie, je demande de l'aide au Ciel, mais il ne m'entend pas, il ne me répond pas. » C'est ainsi que certaines personnes se justifient de ne plus prier. Puisque le Ciel est sourd… Eh non, le Ciel n'est ni sourd ni cruel, et si nous nous sentons coupés de lui, c'est que nous nous sommes entourés de carapaces tellement épaisses que sa présence, sa lumière, son amour ne peuvent pas les traverser. Comme le dit saint Paul : *« Nous vivons et nous nous mouvons en Dieu, nous avons en Lui notre existence. »* Oui, mais nous nous sentons isolés, abandonnés, parce que les couches d'impuretés que nous avons formées par nos pensées, nos sentiments, nos actes, obstruent toutes les voies de communication. Pourtant le Ciel, le bonheur, la joie, tout est là à notre portée, et si nous travaillons patiemment sur nous-mêmes pour nous purifier jusqu'à rendre nos corps subtils réceptifs et sensibles, un jour le contact sera rétabli et nous serons envahis par la présence divine.

28 Avril

L'Arbre séphirotique* nous apprend que Dieu travaille avec les deux puissances que sont la clémence et la rigueur… De même, pour être utile et efficace, un pédagogue doit savoir se montrer tantôt indulgent, tantôt sévère. Prenons l'exemple d'un Maître spirituel. Même s'il ressent beaucoup de compréhension et d'amour envers les humains, pour le progrès et l'avancement de ses disciples il doit aussi savoir se montrer sévère. Et si les disciples n'acceptent pas cette sévérité, c'est qu'ils n'ont rien à faire dans une École initiatique. Un Maître a besoin d'ouvriers pour le Ciel et on ne devient pas un bon ouvrier du Ciel si on ne se soumet pas à une discipline. Le disciple qu'un Maître réprimande parce qu'il a mal agi, doit laisser sa susceptibilité de côté et montrer la force de son esprit. Alors là, son Maître peut compter sur lui pour le travail divin.

* Voir tableau et note, p. 374-376.

Comètes, planètes et soleils peuplent l'espace. Mais alors que les comètes traversent l'étendue comme des têtes échevelées, les planètes tournent immuablement autour d'un soleil dont elles reçoivent la chaleur et la lumière. Quant aux soleils, sources inépuisables de lumière et de chaleur, ils dispensent leurs bienfaits à toutes les créatures.

Comme les comètes, il y a des créatures qui traversent l'existence sans chercher un ordre, un repère fixe. D'autres, comme les planètes, tournent autour d'un centre et elles sentent qu'elles ne doivent pas s'éloigner de cette source de chaleur et de lumière. Elles passent par des hauts et des bas, mais elles persévèrent sur le bon chemin. Enfin, les soleils sont les grands Maîtres, les Initiés, qui sont allés si loin sur le chemin de l'amour et de la sagesse que rien ne peut les faire dévier de leur idéal spirituel. Ils restent au centre et ils éclairent, ils chauffent les créatures autour d'eux.

Le matin, en ouvrant votre fenêtre ou en sortant de chez vous, vous apercevez le ciel, le soleil… Efforcez-vous de les regarder comme si vous les voyiez pour la première fois, et vous découvrirez toute une vie subtile qui vous avait jusque-là échappé, parce que, entre vous et la réalité, vous aviez laissé se placer un écran opaque. Ce n'est qu'en vous débarrassant de cet écran que vous posséderez la véritable intelligence des choses.

La véritable intelligence est comme une source, toujours renouvelée, régénérée, enchantée, la véritable intelligence est toujours remplie d'émerveillement. Et ne vous contentez pas de cultiver cette attitude vis-à-vis de la nature, apprenez à la cultiver aussi vis-à-vis des humains, car non seulement vous ferez des découvertes insoupçonnées, mais vous-même vous vous rendrez beaucoup plus intéressant et sympathique aux autres.

Pour échapper aux incertitudes, aux angoisses, au vide, les humains doivent apprendre à se lier consciemment par leur âme et leur esprit aux forces lumineuses de la nature.

On ne peut aider les êtres humains qu'en leur donnant la lumière, la vraie connaissance. Quand cette lumière vient, elle leur montre qu'ils sont liés à l'immensité, à l'éternité, et que s'ils s'efforcent de communier avec les forces cosmiques, ils ont les moyens de transformer leur vie. Alors la certitude et la joie les accompagnent. Tout ce qu'on peut faire d'autre, à côté, pour les aider à résoudre leurs problèmes physiques et psychiques, finira par se révéler insuffisant. On ne peut vraiment aider les humains qu'en les éclairant sur leur véritable nature, en leur montrant comment ils sont liés à l'Arbre de la vie* et comment ils peuvent y puiser des forces pour travailler et se transformer.

* Voir tableau et note, p. 374-376.

Nous considérons généralement les nombres comme des abstractions. En réalité, les nombres sont des êtres vivants, des puissances cosmiques, des principes actifs qui ont présidé à la création de l'univers et qui le maintiennent en équilibre. Ces entités vivantes sont aussi intelligentes et douées des plus grandes vertus ; c'est pourquoi elles sont placées très haut dans la hiérarchie des êtres spirituels et travaillent auprès de Dieu.

Les nombres appartiennent au monde des idées. Dans le plan physique, ils sont représentés par des chiffres. Les chiffres sont donc les figures symboliques de ces entités, de ces forces qui constituent la structure de l'univers. Et toute notre vie, avec nos pensées, nos sentiments, nos actes, n'est rien d'autre qu'un ensemble d'opérations effectuées à l'aide des nombres de 1 à 10.

Les disciples d'un enseignement spirituel apprennent à se détacher de leurs intérêts trop matériels pour être libres de consacrer de plus en plus de temps à la prière, la méditation. Mais beaucoup ne sont pas encore prêts, et ce détachement ne doit pas se faire prématurément. Imaginez que certains décident d'abandonner leurs engagements familiaux ou professionnels sous prétexte de se mettre au service du Seigneur... En réalité, cela ne se fait pas comme ça, et même il vaut mieux pour certains qu'ils ne soient pas tellement libres, car cette liberté ne leur servira qu'à faire des bêtises. Tout le monde n'est pas capable de faire bon usage de sa liberté, et il vaut donc mieux pour certains qu'ils soient engagés avec une famille et un métier auxquels ils sont obligés de consacrer beaucoup de leur attention, de leurs énergies et de leur temps. Un homme étroit, fanatique, qui se libère pour répondre soi-disant à l'appel du Seigneur, c'est la catastrophe, il ne fera que des dégâts !

Il est rare que dans un couple les deux arrivent à marcher exactement du même pas. Donc, pour équilibrer la situation, celui qui marche plus vite doit faire preuve de patience, de bonté ; qu'il diminue un peu son grand désir d'avancer afin de ne pas perdre son compagnon ou sa compagne en chemin. Il ne doit pas oublier le conjoint qui trottine derrière. Cela ne sert à rien de critiquer l'autre : c'est avant de se lier à lui qu'il fallait se préoccuper de ses possibilités, et ne pas s'engager si on n'était pas satisfait. Maintenant c'est trop tard.

Il y a un seul cas où vous avez le droit d'avancer librement, c'est quand vous avez donné des preuves de votre bonté, de votre patience, que vous avez fait des sacrifices pour que votre partenaire puisse vous suivre, mais que celui-ci n'en tient pas compte. Dans ce cas, vous n'êtes pas obligé de ralentir votre mouvement pour contenter un être décidé à ne faire aucun effort. Mais s'il fait des efforts, vous n'avez pas le droit de l'abandonner sur la route, c'est interdit par la loi divine.

La loi de la réincarnation n'est en réalité qu'un aspect de la loi des causes et des conséquences qui continue à agir d'une existence à l'autre. Tant que les humains n'auront pas admis cela, on pourra leur faire tous les sermons et les prêchi-prêcha que l'on voudra, cela ne servira pas à grand-chose. Combien de gens croient encore qu'ils iront souffrir au Purgatoire ou en Enfer en expiation de leurs fautes ? Très peu, et beaucoup ne croient même pas à l'immortalité de l'âme.

Bien sûr, on rencontre des êtres qui, sans croire à la réincarnation, ni sans avoir même aucune foi religieuse, se manifestent naturellement avec honnêteté et bonté. Mais comment être absolument sûr que cela durera ? Dans certaines circonstances, la peur, la convoitise, le désir de vengeance, etc., peuvent prendre le dessus, et à ce moment-là, rien ne les retenant, ils ne seront plus ni bons ni honnêtes. Eh oui, parce que leur moralité n'était pas fondée sur des bases solides : la connaissance de la loi des causes et des conséquences, qui continue à agir d'une existence à l'autre.

Que vous ayez des désirs, que vous fassiez des projets, c'est parfaitement légitime. Mais avant de mettre tout en œuvre pour les réaliser, étudiez bien la nature de ces désirs et de ces projets, car s'ils ne sont que l'expression de votre égoïsme, s'ils ne vibrent pas en harmonie avec l'ordre établi par Dieu dans toute la création, ils s'opposeront aux lois divines, ils entreront donc en conflit avec des entités, avec tout un ordre vibratoire, et vous ne réussirez pas. Ou alors, si vous réussissez, ce sera encore pire, dans de telles conditions il vaut mieux ne pas réussir. L'échec évite aux égoïstes et aux téméraires toutes sortes de déceptions et d'accidents : ils sont peut-être malheureux d'avoir manqué leur but, mais au moins ils sont épargnés ! Il est toujours préférable de ne pas réussir dans ses mauvais desseins, sinon les conséquences karmiques sont inextricables. Vous projetez d'évincer quelqu'un, de vous venger de lui, mais vous échouez et vous abandonnez… Le Ciel vous condamnera pour vos projets criminels, mais moins sévèrement que si vous aviez réussi.

7 Mai

Prendre et donner… Rien n'est plus important pour l'être humain que d'équilibrer ces deux processus. Mais prendre où, et donner à qui ? La réponse est dans le symbolisme de la première lettre de l'alphabet hébraïque : *Aleph* א. *Aleph* représente l'homme qui est parvenu à faire le lien entre le Ciel et la terre, afin de recevoir du Ciel pour donner à la terre. Car, pourquoi prendre aux humains, les pauvres, qui n'ont presque rien ? C'est au Ciel, qui est infiniment riche, que vous devez prendre pour donner aux humains. La lettre *Aleph* nous enseigne que notre travail est de devenir un trait d'union entre le Ciel et la terre. Du point de vue symbolique, le Christ, l'homme parfait, est ce trait d'union : il reçoit les bénédictions du Ciel pour les répandre sur la terre. Prenez donc cette lettre *Aleph* comme le symbole du plus haut idéal à atteindre : qu'elle soit un rappel incessant du travail que vous devez entreprendre afin de faire, vous aussi, descendre le Ciel sur la terre.

Chaque créature vivante a sa place dans l'une ou l'autre région de l'espace. La place du poisson est dans la mer, la place de la taupe est dans la terre, celle de l'oiseau est dans l'air. Et quelle est la place de l'homme ? L'homme est fils de Dieu et sa place est dans l'immensité de l'univers. Mais pour qu'il puisse vraiment trouver cette place qui est la sienne, il doit d'abord savoir quelles sont les places de son intellect et de son cœur qui lui permettront d'entrer en contact avec cette immensité. La place de l'intellect est la région de la lumière, c'est là qu'il voit clair. La place du cœur est la région de la chaleur, c'est là qu'il se dilate et embrasse le monde entier.

Combien de gens se sont laissés mourir de chagrin ou se sont même suicidés à cause de calomnies, de lettres d'injures, d'articles venimeux ! Et combien d'artistes aussi à cause de mauvaises critiques et de moqueries !... Si le mal a eu sur eux un tel pouvoir, c'est qu'ils ne savaient pas comment le transformer. Pour résister au mal, il faut s'instruire auprès de la terre. Oui, regardez comment la terre utilise les saletés, les déchets qu'on lui jette : elle les prend comme une matière très précieuse, un engrais, qui participera à l'élaboration de toutes sortes de végétaux colorés, parfumés, nourrissants. Alors, pourquoi l'être humain ne connaîtrait-il pas les secrets que connaît la terre ? Pourquoi doit-il succomber devant ces saletés que sont les critiques, les médisances, les calomnies ?

Certains Initiés se sont surtout manifestés comme des maîtres de l'amour, d'autres comme des maîtres de la pureté, d'autres comme des maîtres de la sagesse, mais tous les véritables Initiés ont été obligés d'atteindre un point d'où ils embrassaient l'ensemble des choses, des êtres et des activités.

Même s'il a reçu une mission déterminée, un Initié ne se spécialise pas, mais il s'efforce de vivre la plénitude de la vie. Il ne perd pas de vue les détails, mais pour lui, l'essentiel c'est l'ensemble, cette totalité qu'est la vie : comment la protéger, l'enrichir, la purifier, car la vie est l'unique réalité qui comprend toutes les autres. Et pour pouvoir saisir la vie dans sa totalité, il faut remonter vers la Cause première, vers la Source, Dieu Lui-même. Veillez donc à toujours garder le lien avec la Cause de toutes les causes, la Source divine.

Saint Paul dit que la foi est *« une démonstration des choses qu'on ne voit pas »*. Et en effet, la foi nous ouvre l'accès à un monde inconnu, infiniment vaste, où nous commençons à respirer, à nous nourrir, à nous renforcer. Peu à peu, des domaines qui nous étaient étrangers nous deviennent familiers, et donc nous savons. C'est pourquoi il ne faut pas opposer foi et savoir, les deux vont ensemble : la foi ouvre le chemin vers de nouvelles connaissances. La foi, c'est l'infini, et dans cet infini le savoir découpe un petit territoire. C'est la foi qui sonde l'infini et nous y fait pénétrer toujours plus avant. Ainsi notre savoir du monde divin augmente, grâce à notre foi.

La foi précède toujours le savoir. Pour savoir, il faut d'abord croire, et quand nous savons, nous ne croyons plus : la foi nous porte vers un objet que nous ne connaissons pas encore. Quand nous savons, nous n'avons plus besoin de croire, nous sommes au-delà de la croyance. Et c'est ainsi que, peu à peu, nous arriverons à la connaissance parfaite.

Durant la nuit de la pleine lune de mai se déroule chaque année dans l'Himalaya la cérémonie du Wessak. Cette nuit-là, est commémorée symboliquement soit la naissance du Bouddha, soit son illumination. Certains Initiés peuvent se rendre physiquement à cette cérémonie ; d'autres s'y rendent par leur corps astral, en se dédoublant. Mais chacun d'entre vous a la possibilité d'y participer au moins par la pensée. Au cours de cette cérémonie les frères de la lumière entrent en communion avec les entités célestes afin d'attirer les forces cosmiques et de propager dans l'espace des ondes et des vibrations de la plus haute spiritualité.

Si vous voulez vous joindre à la réunion de tous ces Initiés, vous devez vous préparer. Durant cette nuit, ne conservez sur vous aucun objet métallique, car le métal n'est pas bon conducteur des ondes qui viennent des régions spirituelles. Mais la seule condition véritablement indispensable pour être admis à cette fête est l'harmonie : soyez vigilant, n'ayez aucune mauvaise pensée, aucun mauvais sentiment à l'égard des autres. Adoptez une bonne attitude qui vous permettra de vous lier aux Initiés, avec le désir de recevoir les bénédictions qu'ils envoient à tous les enfants de Dieu.

13 Mai

La parabole de l'enfant prodigue raconte l'histoire d'un jeune garçon qui avait quitté la maison paternelle pour chercher des aventures dans le monde et qui, n'ayant rencontré qu'épreuves et déceptions, finit par retourner chez son père. Tous les Livres sacrés contiennent des images, des récits qui illustrent ces deux processus : la sortie et le retour, l'involution et l'évolution…

Lorsque les alchimistes décrivent les deux opérations « solve » (dissoudre) et « coagula » (condenser), c'est encore une façon de présenter ces deux mouvements de la vie. La nature elle-même nous en parle. Vous regardez un ciel bleu, limpide… Bientôt apparaît une sorte de voile, c'est de la vapeur d'eau qui se condense (coagula), et des nuages se forment. Quelque temps après, tout a disparu (solve) et le ciel est redevenu bleu. Partout dans l'univers vous verrez ces deux phénomènes qui sont là pour inviter le disciple à s'arrêter et à comprendre : la montée et la descente, l'apparition et la disparition, la naissance et la mort, la création et le retour au néant.

Schématiquement, la croix est une figure géométrique faite de deux lignes – une verticale et une horizontale – qui se coupent à angle droit. Parmi bien d'autres interprétations, on peut y voir une représentation de l'être humain, synthèse des deux principes masculin (la verticale : l'esprit et l'intellect) et féminin (l'horizontale : l'âme et le cœur). L'union de ces deux principes produit un mouvement. En effet, la pensée jointe au sentiment donne naissance à un mouvement, c'est-à-dire à un acte.

Et maintenant, lorsque l'on met la croix elle-même en mouvement, elle engendre un cercle, le soleil ; et plus le mouvement est intense, plus le soleil devient lumineux. Ainsi, le soleil réunit les deux principes, il est la croix en mouvement. Vous voyez, la croix est un symbole que nous n'aurons jamais fini d'approfondir.

Comment naissent et se propagent les maladies ? Il s'agit tout d'abord d'un germe microscopique qui, en se développant, finit par bouleverser l'être tout entier. Ce germe est une idée qui s'accroche au plan mental de l'individu ; puis cette idée descend dans le plan astral où elle s'exprime par des sentiments ; ensuite elle se manifeste par des actes, et finalement elle s'installe dans le corps physique.* Il faudrait que chacun soit suffisamment conscient pour arrêter ce processus avant qu'il n'apparaisse comme maladie dans le plan physique, en se disant : « Je ne pense pas correctement, j'éprouve de mauvais sentiments et cela m'inspire une conduite déplorable. Voilà les germes de maladies futures ! Pour empêcher cet état de se propager jusque dans le plan physique, je vais commencer par m'attaquer aux causes dans les plans mental et astral où elle se trouvent. » C'est donc en surveillant vos pensées et vos sentiments que vous travaillez vraiment pour votre santé.

* Voir note et schéma, p. 372 et 373.

Certains préceptes très stricts de chasteté, de continence enseignés par les religions troublent beaucoup d'hommes et de femmes, et ils se demandent s'ils doivent vraiment les respecter. En réalité, tout dépend de ce qu'ils veulent faire de leur vie. S'ils ne désirent rien d'autre que de mener une existence médiocre, ordinaire, il est inutile d'apprendre la maîtrise et d'observer la continence et la chasteté, ce sera même nocif pour leur santé. Sans parler de toutes les conséquences négatives qui s'ensuivront pour eux dans le domaine psychique, familial, social… Car ils vont s'aigrir, devenir durs, intolérants vis-à-vis des autres. Mais s'ils ont un idéal spirituel et qu'ils aiment cet idéal de tout leur cœur, de toute leur âme, s'ils ont besoin de réaliser quelque chose de vraiment grand, ils ne pourront y parvenir qu'en suivant des prescriptions, des règles de vie déterminées. À ce moment-là, oui, la vigilance, la maîtrise ont leur raison d'être.

La philosophie des Initiés peut se résumer en quatre mots : savoir, vouloir, oser, se taire. Plusieurs interprétations peuvent en être données. « Savoir », c'est être capable de discerner clairement où est le bien. Puis « vouloir » ce bien, le souhaiter. Ensuite « oser » s'engager, s'enfoncer dans ce travail pour le bien. Et enfin « se taire », ne pas aller raconter partout les bonnes résolutions que l'on a prises, ni révéler la nature du travail auquel on a décidé de s'atteler.

La vérité, c'est que rien n'est plus difficile que de réaliser cet idéal. Les uns veulent, mais n'osent pas. Les autres osent, mais ne savent pas discerner. Et ainsi de suite. Alors commencez par accorder ces trois facteurs : la pensée (savoir), le désir (vouloir) et la volonté (oser). Quand vous y serez parvenu et que vous agirez, taisez-vous, votre travail parlera de lui-même : il sera tellement évident, tellement vivant qu'il n'y aura rien à ajouter !

La nature nous comble de ses richesses, mais ce que nous prenons est inscrit très précisément quelque part. Ce sont des dettes que nous contractons auprès d'elle, et un jour nous devrons nous acquitter de ces dettes. Comment ?... Puisque nous ne pouvons pas rendre ces bienfaits sous la forme où nous les avons reçus, ni nous acquitter avec de l'argent, dès maintenant nous devons payer tous les jours avec une monnaie qui s'appelle le respect, la reconnaissance, l'amour, la volonté d'étudier tout ce que l'Intelligence cosmique a inscrit dans son grand livre.

« Payer » signifie donner quelque chose en échange, et tout ce que notre cœur, notre intellect, notre âme et notre esprit sont capables de produire de bon, peut être un paiement. Dans le plan physique nous sommes limités, mais dans le plan spirituel nos possibilités sont infinies, et là nous pouvons rendre au centuple tout ce que la nature nous a donné.

Certaines personnes vous sont hostiles et vous voudriez qu'elles changent d'attitude à votre égard ? Occupez-vous d'abord de vous changer vous-même. Pour que les autres changent de comportement, il ne faut pas les combattre. Ils changeront seulement quand ils sentiront que vous, vous avez changé, qu'une lumière, une bonté, une paix émanent de vous. C'est en faisant un travail sur vous-même que vous obligerez les autres à changer.

Il faut commencer par vaincre ses adversaires intérieurs ; c'est ensuite qu'on arrive à vaincre les adversaires extérieurs par la force de l'exemple. Vous voyez bien que les dissensions, les chamailleries, les critiques ne mènent à rien… Alors, chaque fois qu'une situation devient difficile, commencez par trouver la bonne attitude, vous aurez ensuite assez de temps pour vous en prendre aux autres, mais avec la lumière et la toute-puissance de l'amour.

Le jour où les humains ont découvert que le feu et l'eau, en travaillant ensemble, produisent une force qu'ils peuvent utiliser, ils ont réalisé de grands progrès dans le domaine des techniques. Mais il leur reste à découvrir l'essentiel : comment travailler avec l'eau et le feu dans le plan spirituel.

L'eau et le feu sont le symbole du cœur et de l'intellect, du sentiment et de la pensée. Le cœur, comme l'eau, est féminin ; l'intellect, comme le feu, est masculin, et tant que l'être humain n'a pas appris à travailler avec les deux, il reste « célibataire », improductif ; le cœur va d'un côté, l'intellect de l'autre, et cette désunion ne peut pas produire l'enfant : la force. Dans tous les domaines, il est nécessaire pour agir de bien connaître les deux principes : le feu et l'eau, le côté émissif et le côté réceptif. Dans le monde divin, c'est la sagesse qui représente le feu et l'amour qui représente l'eau. L'amour et la sagesse mettent au monde la vérité, et la vérité, c'est le Christ qui naît, c'est-à-dire une conscience nouvelle.

Lorsque vous priez, liez-vous à la multitude des esprits qui en ce moment même, comme vous, se concentrent sur le Seigneur. Imaginez donc toute cette immense assemblée d'êtres magnifiques à travers le monde qui sont en train de s'adresser à Dieu, et unissez-vous à eux.

Pour adresser une demande, le secret est de ne pas rester solitaire, mais de se joindre à une collectivité. Si c'est un homme seul qui fait une demande au gouvernement, on ne l'écoute pas, mais si c'est tout un peuple qui réclame, on le prend en considération. En vous liant à la collectivité de tous ceux qui prient dans le monde entier, votre voix ne sera plus isolée dans le désert de la vie ; elle sera accompagnée de celles de milliers d'êtres qui demandent au Ciel plus de lumière, plus d'amour, plus de justice sur la terre, afin que se réalise le Royaume de Dieu et sa Justice. Cette prière est toujours exaucée à cause de la force de la collectivité et vous en bénéficiez aussi.

La sympathie et l'antipathie, l'attraction et la répulsion sont des réactions instinctives tout à fait normales : on aime ou on n'aime pas tel genre de personnes. Chacun vient au monde avec des tendances et des goûts qui le poussent soit dans un sens, soit dans un autre. Oui, mais si le Créateur a aussi mis en l'homme des facultés de raisonnement, de discernement, c'est bien pour qu'il les utilise en ne se laissant pas aller aveuglément à ses pulsions instinctives, car les sympathies et les antipathies, les attractions et les répulsions ne sont jamais des critères sûrs.

Chacun doit donc bien étudier si, en suivant ses goûts, il favorise ou entrave son évolution spirituelle. Il ne s'agit pas non plus d'aller contre toutes ses tendances naturelles : il y en a de très bonnes. C'est donc ce que vous devez étudier, afin de favoriser les unes et d'orienter différemment les autres quand vous comprenez qu'elles vont vous entraîner dans des situations inextricables.

La joie peut être comparée à une immense échelle. Oui, car la joie, comme beaucoup d'autres états de conscience, a une infinité de degrés : quand on mange, c'est une joie ; quand on respire, quand on se promène, quand on lit, quand on chante, quand on rencontre et embrasse ceux que l'on aime, etc., ce sont chaque fois des joies différentes, plus ou moins intenses.

Mais sur cette échelle de la joie, la plus grande, la plus haute joie est la fusion avec le Créateur. Le Créateur a donné aux créatures des possibilités infinies de joie, mais Il a gardé la plus grande félicité pour celui qui parvient à se fondre en Lui. Et lorsqu'il a goûté cet état de fusion, l'être humain commence à rayonner la Divinité, à la manifester consciemment tout autour de lui, afin d'en faire bénéficier toutes les créatures dans le monde, les aider, leur montrer le chemin. Voilà le degré le plus élevé de la joie.

Dans certaines églises on vénère une Vierge noire. Pourquoi ? En réalité, l'existence des Vierges noires est liée aux secrets alchimiques de la transmutation de la matière. La matière première sur laquelle l'alchimiste doit travailler est décrite tout d'abord comme une sorte de chaos originel dont les Vierges noires sont une représentation. C'est pourquoi, le plus souvent, leurs statues sont placées sous terre, dans des grottes ou des cryptes, parce que cette matière qu'elles symbolisent est extraite de la terre vierge primitive, ce qu'exprime le terme de « noir ». Et les alchimistes disent que, de même que la Vierge a mis le Christ au monde dans les souffrances, de même après une longue cuisson dans le feu, la matière donne naissance à la pierre philosophale qui transmute les métaux en or et guérit toutes les maladies.

« Samo bojiata lioubov é lioubov » (seul l'amour de Dieu est amour) et « Bojiata lioubov nossi peulnia jivot » (l'amour de Dieu apporte la plénitude de la vie). Combien ces formules du Maître Peter Deunov sont véridiques ! Mais quels sont les hommes et les femmes qui accepteront de les méditer et de s'en inspirer pour la conduite de leur vie ? Ils cherchent l'amour humain, petit, limité, ou alors « le grand amour », ce qui est bien pire, car cet amour est un feu dévastateur, un incendie qui partout où il passe ne laisse que des cendres. Tandis que l'amour de Dieu… si seulement on y pensait un peu plus souvent pour l'approfondir et le goûter !

Bien sûr, Dieu paraît si loin, tandis que les humains sont là tout proches, et il semble tellement plus facile de satisfaire son besoin d'amour par de gentilles paroles, des caresses et des baisers ! En apparence, oui, mais en réalité vous savez bien par expérience comment les choses se passent. Alors, même si cela vous paraît difficile pour le moment, tâchez au moins de vous arrêter sur ces formules, de méditer sur elles en vous disant : « Comment pourrais-je me rapprocher de cet amour divin, le comprendre, le sentir ? »

Au premier abord le monde nous apparaît comme une infinité de créatures, d'éléments, d'objets, de phénomènes disparates et sans lien entre eux. En réalité, il existe un ordre, il existe des liens, mais ils ne peuvent être saisis dans leur totalité par l'intellect ; de quelque façon que l'on s'y prenne, on n'arrive à en avoir qu'un aperçu limité.

Chacune de mes conférences est un élément de cet échafaudage, et quand, par un travail intérieur, vous aurez réussi à mettre tous ces éléments ensemble, comme dans une illumination vous arriverez à saisir l'unité du monde. Moi, je ne peux pas vous expliquer davantage, il y a des questions qu'il est impossible d'éclairer par des arguments objectifs ; même si j'essayais, cela ne donnerait aucun résultat. La seule méthode efficace serait de pouvoir vous faire retourner dans cet état de conscience primordial où tout s'éclaire sans explication. Sinon, cela revient à vouloir expliquer à un aveugle les couleurs du lever du soleil, ou à un sourd une messe de Mozart ou de Beethoven : c'est inutile ! Mais rendez à l'un la vue, à l'autre l'ouïe : il n'est même plus nécessaire d'expliquer.

Par la prière, la méditation, nous faisons un travail bénéfique qui se reflète sur des milliers de personnes dans le monde ; nous préparons leur intellect et leur cœur à accepter ce « nouveau ciel » (une philosophie lumineuse) et cette « nouvelle terre » (une nouvelle façon de vivre fraternelle) dont parle saint Jean dans l'*Apocalypse*. Ainsi, quand ils rencontreront ces idées, sans qu'on ait besoin de leur donner beaucoup d'explications, ils comprendront, parce que leurs facultés psychiques, la sensibilité, l'intuition, auront déjà été touchées et éveillées.

Ce qui rend encore si difficile pour les humains la compréhension de la vie spirituelle, c'est que les organes des sens, les centres subtils qui leur permettraient de la sentir et de la vivre, sont endormis. Dans la nouvelle vie, quelques mots suffiront pour sentir et même pour voir ce qui est encore invisible : personne ne pourra plus douter des réalités du monde spirituel et de la nécessité de faire des efforts pour les vivre.

Au cours des âges, les religions ont le plus souvent ressemblé à des familles qui se combattaient. Non seulement elles ont toutes prétendu posséder la vérité à l'exclusion des autres, c'est-à-dire être les seules héritières légitimes du Père céleste, mais encore à l'intérieur de chacune d'entre elles, combien de conflits, combien d'injustices ! Comme si c'était aux humains de décréter qui est fils de Dieu et qui ne l'est pas ! Vous direz que de nos jours les gens sont plus tolérants en matière de religion. Oui, et pourquoi ? Parce qu'elle ne suscite souvent en eux qu'indifférence. Ceux qui se prétendent croyants, eux, ne sont pas tellement prêts à faire preuve d'ouverture et de compréhension.

Mais le véritable fils de Dieu est celui qui trouve et vénère Dieu dans la religion des autres. Car Dieu est dans l'âme de tous les êtres dès l'instant où ils ont compris que c'est là, justement, dans les âmes, qu'ils doivent Le chercher. Oui, il existe des êtres qui sont réellement habités par le divin : c'est cela qu'il faut sentir en eux, au lieu de se préoccuper de la religion à laquelle ils appartiennent. Là où se trouvent ces êtres, Dieu se trouve aussi.

Ce que nous appelons la vérité est toujours notre vérité. C'est pourquoi il existe une vérité vivante, riche, pour celui qui est capable de sentir les choses au delà des apparences, et une vérité pauvre pour celui qui ne sent rien. Vous direz : « Oui, mais quand on parle de la vérité, on fait allusion à une réalité objective qui existe indépendamment de nous. » D'accord, mais pour être perçue, cette réalité objective passe nécessairement par la subjectivité de chacun.

Comment se fait-il, par exemple, que les savants ne se soient jamais accordés sur la question de l'existence de Dieu ? Voilà des hommes qui ont la même formation scientifique, la même intelligence, les mêmes données matérielles pour se prononcer… et ils se prononcent différemment ! Dans la richesse et l'organisation merveilleuse de la matière, les uns sentent la présence d'un Créateur, les autres ne voient qu'une mécanique bien agencée qu'ils attribuent au hasard. Cela prouve bien que la réalité matérielle, objective, passe nécessairement par la subjectivité des individus.

Les humains se trouvent toujours justifiés de ne travailler que dans leur intérêt et pour leur bien. Mais ce n'est pas une bonne solution, car si un malheur touche la collectivité, eux aussi seront atteints. Tant que la collectivité tout entière ne vit pas dans la prospérité et la paix, les individus sont exposés à la misère ou au malheur. Alors que si les affaires de la collectivité marchent bien, tous les individus en bénéficient ; et si un malheur vient à frapper l'un d'eux, tous les autres viendront l'aider. Contrairement à ce qu'on imagine, l'égoïsme coûte énormément.

Malheureusement, depuis le temps que dure cette situation, les humains continuent à travailler chacun pour son bien en croyant ainsi assurer son avenir. Eh non ! Qu'il arrive un malheur à la collectivité, et tout son petit bonheur est par terre, car il fait partie de cette collectivité et il est vulnérable comme elle.

Dans la hiérarchie des éléments, le feu est au-dessus de l'eau. Alors, pourquoi le signe de Mercure ☿ présente-t-il l'ordre inverse ? Le feu, le Soleil est au-dessous de l'eau, la Lune. Cette place respective du Soleil et de la Lune correspond à un phénomène cosmique que vous comprendrez mieux si je vous dis qu'on le retrouve dans la vie quotidienne chaque fois qu'on met de l'eau sur le feu pour la faire bouillir. L'eau qui bout se transforme en vapeur et il arrive même qu'elle fasse sauter le couvercle. Grâce au feu l'eau devient une force motrice.

Le feu représente le principe masculin, l'eau le principe féminin. Donc, le principe masculin agissant sur le principe féminin produit une force. En nous, le principe masculin est l'esprit, le principe féminin est l'âme, et lorsque notre âme exaltée par notre esprit parcourt l'espace, nous devenons la parfaite incarnation du signe de Mercure. Cette même idée est exprimée dans la mythologie grecque avec le dieu Hermès (Mercure) qui se déplace grâce aux ailes qu'il a aux talons.

Ne dites pas que vous êtes « à la recherche » de la vérité, car c'est la meilleure façon de ne pas la trouver. Celui qui s'attend à rencontrer quelque chose dont il pourra dire : « Voici la vérité ! » se trompe. La vérité, c'est le monde dans lequel nous sommes plongés : nous sommes liés à elle, nous ne faisons qu'un avec elle, il n'est pas possible de nous séparer d'elle. Nous vivons dans la vérité, nous la mangeons, nous la respirons, nous sommes en elle et elle est en nous. C'est pourquoi vous devez cesser de penser qu'elle peut vous venir de l'extérieur. Ce qui peut venir de l'extérieur, c'est uniquement les rencontres : les êtres, les objets, les livres, les œuvres d'art dont le contact éveille en vous une intuition de la vérité, c'est tout.

2 Juin

Pourquoi entend-on tellement de personnes avouer qu'elles ont perdu la foi ? Perdre la foi se produit généralement au moment de l'adolescence. L'enfant croit tout ce qu'on lui raconte sur Dieu et la religion, exactement comme il croit tout ce qu'il lit dans les contes. Mais à l'adolescence, il est amené à rejeter ces croyances dont il sent que certaines sont fausses et que d'autres ne lui servent à rien.

Mais celui qui porte en lui-même la foi véritable ne peut pas la perdre. Même s'il est amené à rejeter les croyances de sa jeunesse et à traverser des périodes de doute et d'incrédulité, en réalité sa foi subsiste dans le secret, au plus profond de lui-même. Pour le moment les distractions, les affaires, l'ambition peuvent aussi avoir pris le dessus ; mais s'il fait l'effort de se débarrasser de toutes les scories, de tous les fardeaux inutiles qui l'alourdissent et l'assombrissent, il se retrouvera plongé dans la source de la vie et se sentira à nouveau un fils de Dieu.

3 Juin

Pour téléphoner à quelqu'un, vous faites son numéro et, seul parmi des milliards de personnes sur la terre qui ont un téléphone, vous répond celui qui possède ce numéro. La même loi agit quand une entité déterminée entre en communication avec vous, parce que vous avez émis une pensée qui vibre à l'unisson avec elle : une relation s'établit entre vous et cette entité sur laquelle votre pensée s'est fixée. Alors, que tous ceux qui ont des pensées négatives, chaotiques, ne s'étonnent pas s'ils font des rencontres malheureuses dans le monde invisible : ils sont simplement entrés en communication avec des entités qui correspondent à ces pensées. Vous comprenez maintenant pourquoi il est important d'avoir dans sa tête une idée divine : elle attirera magiquement tous les êtres et les éléments qui contribueront à sa réalisation. Cette idée divine dans votre tête, c'est comme un écriteau qui annonce aux esprits ténébreux : « occupé », « on ne reçoit pas », « chien méchant », et ils n'osent pas entrer. Tandis qu'elle est une porte ouverte pour tous les esprits lumineux.

4 Juin

Nos réunions n'ont de sens que parce que nous avons décidé de travailler pour une idée. Cette idée, c'est la réalisation du Royaume de Dieu et de sa Justice sur la terre, afin que la fraternité s'installe dans tous les cœurs, dans toutes les âmes. Et il ne faut jamais penser que nous sommes seuls. Des milliers et des milliers d'êtres invisibles participent à notre travail et propagent des ondes jusqu'au cerveau des humains prêts à les recevoir. Ces ondes, très puissantes, sont comme un tourbillon de forces qui partent dans toutes les directions de l'espace.

Nous travaillons pour l'éveil de toutes les consciences. Il faut continuer, et un jour des millions d'êtres sur la terre viendront se joindre à nous. Aucune autre activité ne peut nous combler. On ne trouve la plénitude que dans ce travail : propager partout l'amour et la lumière.

L'unité n'est pas l'uniformité. Et s'il est souhaitable que les humains forment une unité, cela ne signifie pas qu'ils doivent avoir exactement les mêmes pensées, les mêmes désirs, les mêmes goûts, les mêmes activités. La vie est extraordinairement riche de possibilités diverses, et c'est seulement dans le côté essentiel qu'ils doivent trouver l'unité.

Chacun de nous est constitué de trois principes fondamentaux : l'intellect, le cœur et la volonté. L'intellect a besoin de la lumière (la connaissance), le cœur a besoin de la chaleur (l'amour) ; et la volonté veut agir en tâchant de manifester la lumière de l'intellect et la chaleur du cœur. C'est dans ce sens que les humains sont identiques : par cette structure fondamentale et par les besoins, les aspirations qui correspondent à cette structure. Qu'ils en soient conscients ou non, qu'ils en acceptent l'idée ou non, c'est cela la vérité de leur être, et c'est dans ce sens qu'ils doivent tous travailler pour former une unité.

6 Juin

La nature est le théâtre de luttes perpétuelles entre le principe de vie et le principe de mort. Dès que la vie cherche à s'épanouir, des forces contraires se lèvent pour la combattre et elle doit toujours se défendre. En l'homme aussi ces deux principes ne cessent de s'affronter, mais s'il n'est pas vigilant, s'il ne se met pas consciemment du côté des puissances de la vie, la paralysie gagne peu à peu son organisme psychique comme son organisme physique, et il est envahi par des éléments nocifs.

Sur une roue qui tourne rapidement, la boue ne peut pas venir se coller, elle est rejetée. Et c'est donc à vous maintenant de comprendre que vous avez intérêt à être attentif, à ne pas vous laisser aller à la mollesse, à la paresse. Il faut des exercices pour tout : pour le corps, pour la volonté, pour le cœur, pour l'intellect, pour l'âme, pour l'esprit. À ce moment-là vous entrez dans un état de vibration qui rejette toutes les impuretés et vous pourrez continuer à marcher très longtemps.

Si Jésus a pu dire : *« Celui qui croit en moi, fera aussi les œuvres que je fais, et il en fera même de plus grandes »*, c'est qu'il pensait que tout être humain est de même nature, de même essence que lui. Pourquoi les chrétiens ont-ils négligé cet aspect de son enseignement ? Parce qu'ils sont paresseux, tout simplement ; ils ne veulent faire aucun effort pour marcher sur les traces de Jésus. Ils disent : « Puisqu'il était le fils de Dieu, lui, il était parfait ; c'est normal qu'il ait manifesté un savoir, des vertus et des pouvoirs exceptionnels. Tandis que nous, pauvres malheureux, avec notre nature imparfaite et pécheresse, nous ne pouvons être que faibles, égoïstes, méchants. » Non, non, ce n'est pas un argument ; tous les humains sont fils de Dieu exactement comme Jésus était fils de Dieu. La seule différence, c'est que Jésus était conscient de sa nature et de sa prédestination divines, qu'il avait déjà travaillé dans ce sens au cours de ses incarnations antérieures, et qu'il arrivait sur la terre avec d'immenses possibilités et une idée très claire de sa mission. Mais pour remplir cette mission, il a dû, lui aussi, faire un immense travail intérieur.

La volonté s'exprime plus particulièrement à travers les mains, et si vous voulez développer votre volonté, commencez par connaître vos mains, vous occuper d'elles, les éduquer. Chaque doigt, comme une antenne, capte et transmet des ondes de différentes natures qui circulent à travers l'espace.

Vous devez donc d'abord penser à vous laver souvent les mains afin qu'elles puissent fonctionner comme des antennes parfaites. Mais comme, en réalité, l'eau physique sur les mains physiques ne suffit pas pour les laver véritablement, autant de fois que vous le pouvez, imaginez que vous faites couler une eau spirituelle, un courant de lumière avec les couleurs les plus pures, sous lequel vous gardez vos mains le plus longtemps possible. C'est parce qu'ils savent capter les ondes les plus pures que les Initiés peuvent faire des miracles avec leurs mains : apaiser, guérir, commander aux forces de la nature.

Toute promesse que vous faites est comme une signature, un contrat. Dans le plan éthérique, les paroles s'enregistrent, et c'est exactement comme si vous aviez écrit cette promesse : nul ne peut vous en libérer, excepté la personne à qui vous l'avez faite. Si elle est indulgente, compréhensive, elle peut vous dégager de votre promesse ; sinon, vous devez l'accomplir. Vous direz que vous allez vous adresser au Seigneur… C'est inutile, parce que le Seigneur ne peut pas aller contre les lois qu'Il a Lui-même décrétées. Dieu est tout-puissant, oui, mais pas à la façon dont la religion le présente. Du moment que le monde qu'Il a créé repose sur des lois et qu'Il a accepté de vivre Lui aussi dans ce monde, Il obéit à ses propres décrets. C'est cela la grandeur de Dieu, et non de bouleverser à sa fantaisie les lois de l'univers. En dehors de sa création, Il fait ce qu'Il veut ; mais une fois entré dans sa création, Il ne peut enfreindre les lois qu'Il a Lui-même établies. Ce n'est donc pas Lui qui vous dégagera de vos promesses.

Aucun amour ne vous est interdit, mais à condition de savoir comment aimer. Aimer, c'est vouloir développer ce que l'on possède de plus lumineux en soi-même pour pouvoir le donner à l'autre afin que lui aussi progresse dans la voie de la lumière. Si vous aimez quelqu'un pour son âme, pour son esprit, si vous voulez qu'il avance, qu'il s'épanouisse, le Ciel vous donne ses bénédictions : parce que votre amour l'embellit, l'enrichit. Mais si vous ne pensez qu'à assouvir un instinct sans vous préoccuper de l'évolution de cet être, là le Ciel n'est pas d'accord. D'ailleurs c'est vous-même bientôt qui le sentirez. Car il existe des critères : si, après avoir fait des échanges avec l'homme ou la femme que vous dites aimer, vous vous sentez plein de force, de reconnaissance, de joie et d'élévation, c'est que vous avez réussi, et le Ciel, en vous, vous approuve. Mais si vous ne sentez rien de tout cela, c'est que vous vous êtes seulement laissé aller à votre nature animale et cela finira par se refléter très négativement sur vous.

Ceux qui aiment chanter ont tendance à mettre beaucoup de force dans leur voix. Ce n'est pas mauvais, mais cette force ne peut pas tellement produire d'émotions spirituelles. Il est préférable qu'ils insistent sur le sentiment, car le sentiment sous-entend des nuances, donc une vie plus subtile, et la voix gagne alors en expressivité. Et si, à leur interprétation, ils ajoutent aussi la lumière, c'est-à-dire une pensée, à ce moment-là le chant remplira véritablement sa mission. Chanter fort peut produire des effets impressionnants, mais cela ne touche pas les régions les plus subtiles de l'âme et de l'esprit. La force doit être là seulement comme une matière première, sur laquelle travaillent le sentiment qui la rend expressive, et la pensée qui lui donne un but.

Le doute est comme un ver ou un insecte malfaisant qui ronge et détruit, c'est vrai, mais dans quelles circonstances ? Seulement si on le laisse pénétrer dans les régions où il n'a pas sa place : les régions supérieures de la conscience, là où doivent régner la lumière et l'amour. Par contre, il y a des domaines où les humains seraient mieux inspirés de douter un peu. Regardez : ils croient que tel homme ou telle femme qu'ils viennent à peine de rencontrer leur apportera le bonheur, ils croient à la toute-puissance de l'argent, ils croient à leur bonne étoile, et ils croient surtout qu'avec les calculs de leur intellect limité ils vont remporter des succès… Eh bien, là, douter leur serait plus profitable.

Le Ciel ne regarde pas tellement les succès que vous pouvez remporter, mais les efforts que vous faites pour marcher et vous maintenir sur la bonne voie. Faites des efforts, et si vous ne réussissez pas encore, si vous n'obtenez pas tous les bons résultats que vous souhaitez, cela ne doit pas vous troubler. Donc, ne demandez pas le succès, il ne dépend pas de vous ; il dépend du Ciel, qui vous le donnera quand il jugera sage de vous le donner. Ce qui dépend de vous, ce sont les efforts, car le Ciel ne peut pas les faire à votre place. De la même façon que personne ne peut manger à votre place, le Ciel ne peut pas faire des efforts pour vous, c'est vous qui devez les faire. Et le succès, c'est lui qui le décidera, quand il voudra et comme il voudra.

Il est normal de vouloir échapper aux tristesses, aux déceptions, aux souffrances, mais tous les moyens ne sont pas bons pour cela. Comme il n'est pas facile de résoudre les problèmes qui occasionnent ces souffrances, beaucoup de gens cherchent réellement à s'anesthésier avec le tabac, l'alcool, la drogue, les médicaments… Mais ce n'est pas une solution. Il faut accepter de sentir la souffrance, car c'est elle, si on sait la comprendre et travailler avec elle, qui nous permet d'évoluer.

Je ne dis pas que dans certaines circonstances il n'est pas utile ou même nécessaire de prendre des médicaments. Mais celui qui fuit systématiquement la souffrance, émousse sa sensibilité, et ainsi il retourne en arrière vers le règne végétal, ou plus bas encore, le règne minéral. Et ce n'est pas cela que Dieu attend de l'homme. La véritable évolution ne se fait pas par la perte de la sensibilité, au contraire : notre sensibilité doit croître encore, et de plus en plus, jusqu'à ce que nous arrivions à percevoir les moindres vibrations émises par les objets, les êtres, les entités, les mondes. Et pour cela nous devons apprendre à surmonter la souffrance grâce aux méthodes de la Science spirituelle.

Si le Créateur nous a donné un esprit et un corps, ce n'est pas pour qu'ils vivent en étrangers, ou même, pire encore, en adversaires. Et le véritable spiritualiste est celui qui apprend à purifier son corps physique, afin que l'esprit, trouvant le champ libre, parvienne peu à peu à l'imprégner de ses quintessences au point de devenir visible, tangible. À ce moment-là, le corps et l'esprit ne sont plus distincts, ils ne font qu'un. C'est ce phénomène qui s'est produit au moment où Jésus est apparu transfiguré devant ses disciples sur le Mont Thabor.

C'est une mauvaise habitude, chez la plupart des gens, que de regarder toujours vers le bas, c'est-à-dire de voir tout ce qui ne va pas, ce qui est cause de souci, d'inquiétude, de chagrin… Ils oublient de regarder vers le haut, là où règnent la lumière, la beauté, tout ce qui peut justement pousser leur âme à remercier le Ciel et à trouver les moyens de surmonter les difficultés.

Les soucis, les difficultés existeront toujours, quoi que nous fassions ; inutile de lutter contre eux, c'est plutôt nous qui serons écrasés. Nous devons faire alors ce que l'on fait contre les intempéries, ou contre les insectes : nous équiper. Contre la pluie nous prenons un parapluie ; contre le froid nous nous habillons de vêtements chauds ou nous installons un chauffage, etc. Eh bien, contre les difficultés, il n'y a pas d'autres solutions que de regarder vers le haut pour puiser la lumière et la force, car alors non seulement nous triompherons de ces difficultés, mais nous serons reconnaissants envers le Ciel.

On dit qu'Adam et Ève ont été le premier homme et la première femme ; mais la présence du serpent dans le jardin d'Éden suppose l'existence de créatures antérieures encore. D'après la tradition, ces créatures avaient déjà tout un passé : elles appartenaient à une hiérarchie angélique qui avait été envoyée sur la terre pour participer à sa formation. Leur travail terminé, une partie d'entre elles n'a pas voulu retourner vers Dieu : elles pensaient qu'elles pouvaient exister indépendamment de Lui. Elles avaient la liberté de rester ou de retourner, et elles ont choisi de ne pas retourner. Voilà la faute de ceux que l'on a appelés les Anges rebelles : ne pas avoir réintégré la Source divine, mais avoir choisi une existence indépendante. C'est ainsi que dans cette séparation, cet éloignement, ils sont devenus des démons. Ils ont gardé leur science, leurs connaissances, mais ils ont volontairement perdu le contact avec l'amour divin. Ces créatures formaient un égrégore* et cet égrégore est symbolisé par le serpent enroulé autour du tronc de l'Arbre de la Connaissance du Bien et du Mal.

* Formation psychique collective.

Pour ceux qui se tiennent au courant des événements qui se produisent dans le monde, les sujets que je traite dans mes conférences peuvent paraître n'avoir aucun rapport avec l'actualité. Mais c'est exactement le contraire : je ne cesse de vous donner des méthodes, des moyens, des clés non seulement pour comprendre les problèmes qui se présentent à vous tous les jours, mais aussi pour les résoudre.

Réfléchissez : si je devais vous parler des événements que rapportent quotidiennement les journaux, la radio, la télévision, à quoi cela servirait-il ? Il y a tellement de gens qui en parlent sans apporter de solutions ! Je laisse donc toutes ces questions d'actualité aux autres, et moi je m'occupe de l'essentiel, de ce qui restera valable pour l'éternité. L'être humain a un corps physique, une volonté, un cœur, un intellect, une âme, un esprit, et pendant l'éternité, quelle que soit l'actualité, il sera placé devant les mêmes problèmes : comment penser, sentir, agir, aimer, travailler, créer… Voilà ce qui est essentiel.

Lisez, étudiez, instruisez-vous, c'est très bien. Mais sachez que le Ciel ne sera jamais émerveillé de vos connaissances livresques : il sera émerveillé seulement si vous essayez de comprendre les grandes vérités initiatiques, car ce sont ces vérités-là qui vous donneront une place parmi les fils de Dieu. Une place et… même de l'argent ! Ou plutôt de l'or avec lequel vous pourrez aller acheter l'amour, la santé, la joie, l'espérance, la beauté dans les magasins célestes. Ce ne sont pas les billets de banque qui ont cours en haut, c'est-à-dire les connaissances livresques inutiles et vermoulues, mais l'or de la vraie connaissance, l'or des vertus. Dès que vous leur montrerez quelques paillettes d'or recueillies grâce à vos efforts pour vous améliorer, les esprits lumineux vous donneront ce que vous leur demandez. C'est pourquoi dépêchez-vous d'amasser cet or-là et laissez un peu tranquilles les connaissances intellectuelles. Bien sûr, elles sont utiles pour la terre, mais devant les Anges et les Archanges, il faut un autre savoir.

Du moment que vous avez un jour éprouvé le besoin d'abandonner une vie ordinaire, prosaïque, pour embrasser la vie spirituelle, continuez à avancer. Bien sûr, vous passerez par des hauts et des bas, car la vieille nature en vous va se défendre et elle saura le faire avec toutes sortes d'arguments pour vous pousser à retourner en arrière. Mais, croyez-moi, il ne faut pas céder devant elle, mais vous renforcer pour pouvoir la maîtriser. C'est pourquoi vous devez profiter de tous les moments favorables à la méditation, à la prière, à la contemplation, pour faire ce travail de raffermissement intérieur. Chaque fois vous devez vous sentir plus fort, plus déterminé, afin de pouvoir juguler toujours mieux votre nature inférieure et lui dire : « Voilà, je suis à nouveau le vainqueur. » Et la prochaine fois vous livrerez une autre bataille… Car la lutte ne finira jamais, il y aura toujours des combats, mais si vous êtes constant, vigilant, vous remporterez toujours la victoire.

Sous différentes formes, on découvre dans les traditions populaires de tous les pays, des légendes qui rapportent comment, depuis l'origine, la lumière et les ténèbres ne cessent de se livrer bataille. Et suivant le cas, c'est l'une ou l'autre qui remporte momentanément la victoire.

Du point de vue astronomique, cette victoire de la lumière sur les ténèbres a lieu chaque année le 21 juin, jour du solstice d'été. En ces jours où la lumière a repris le pouvoir et où donc la nuit, l'obscurité, les ténèbres reculent, nous parviennent du cosmos les meilleures influences : il est donné aux puissances célestes, aux forces créatrices, les plus grandes possibilités de se manifester et de nous aider à résoudre nos difficultés. C'est donc le moment favorable pour faire un travail afin que la lumière remporte la victoire sur nos ténèbres intérieures.

Au cours d'une croisière dans l'Arctique, une dame demanda au capitaine : « Que va-t-il se passer si notre bateau rencontre un iceberg ? – Oh, répondit le capitaine, l'iceberg continuera sa route, Madame. » Et le bateau ? Il n'a rien dit au sujet du bateau. Parce qu'il n'y avait rien à dire ; il était trop clair qu'il allait sombrer.

Il se passe la même chose pour l'être humain : si son « bateau » va heurter un « iceberg », il n'y a plus rien à dire. C'est avant qu'il y a quelque chose à dire. Et quoi ? Que le bateau doit avoir un capitaine, c'est-à-dire une tête, pour décider de la bonne direction à prendre, sinon les sentiments, les émotions, les instincts, qui le poussent toujours en avant sans aucun discernement, le jetteront sur les obstacles et il fera naufrage.

De tous les points de vue et dans tous les domaines, la lumière doit être à la première place, car il est impossible de se diriger et de travailler dans l'obscurité. C'est ce que l'on a compris pour le plan physique : dès que le soir tombe, on éclaire les rues et les maisons ; quand on se réveille la nuit, on allume la lumière ; s'il faut sortir dans l'obscurité, on prend une lampe de poche ; et quand il y a une panne d'électricité, on allume les bougies.

Mais quand il s'agit de la conduite de votre vie, que faites-vous ? Vous décidez de changer de situation ou de pays, de quitter votre famille, d'entreprendre un travail, de vous marier, d'avoir des enfants et pour cela vous n'allumez aucune lampe en vous, vous ne cherchez pas la lumière ! C'est pourquoi vous ne cessez de vous heurter aux gens et aux événements, de vous blesser et de blesser les autres. Désormais, cherchez avant tout la lumière, demandez la lumière…

« *Fidèle et véridique* », c'est ainsi que Dieu est présenté dans la Bible. Cela signifie que tous les efforts que nous faisons pour accomplir sa volonté, propager l'amour et la lumière parmi les humains, tous ces efforts s'enregistrent, et seront un jour fidèlement récompensés. Quand ? C'est la seule chose qu'il est difficile de savoir. Mais nous ne devons pas nous en préoccuper : nous, nous devons travailler, c'est tout, et laisser au Ciel le soin de déterminer quand, où et de quelle façon nous recevrons cette récompense. Il faut tout remettre entre les mains du Ciel.

Dans un autre passage de la Bible, Dieu dit : « *C'est à moi qu'appartient la vengeance* »… Cela signifie que nous n'avons pas non plus le droit de nous venger du mal que l'on nous a fait. Il faut laisser cela au Seigneur : c'est Lui qui sait quelle punition doit tomber sur ceux qui ont transgressé les lois, et à quel moment, de quelle manière nous serons dédommagés.

En sortant de chez vous, le matin, pour assister au lever du soleil, pensez déjà que vous allez à la rencontre d'un être vivant et que toute la nature autour de vous est vivante aussi. Et pas seulement les oiseaux, les animaux, les arbres, les fleurs… L'univers entier est peuplé d'une infinité de créatures invisibles mais réelles. Alors, adressez-leur un salut : dites à toutes ces entités qui se manifestent à travers la terre, l'eau, l'air et la lumière que vous les aimez, que vous leur êtes reconnaissant pour cette limpidité du matin et toute cette vie qui est en train de s'éveiller. Elles seront heureuses de voir que vous appréciez leur travail et elles vous enverront leur amitié sous forme de paix et de joie.

26 Juin

Que répondre à ceux qui viennent me confier leur chagrin d'avoir été quittés par l'homme ou la femme qu'ils aiment ? Vous avez en France un proverbe qui dit : « Un de perdu, dix de retrouvés », mais sur le moment ce n'est pas toujours une consolation. Alors, je dis à ces personnes : « Pensez que ce n'est là qu'une escapade. Elle durera peut-être dix ans, vingt ans ou beaucoup plus, mais ça ne fait rien : un jour, cet être que vous aimez reviendra. Si ce n'est pas dans cette vie, ce sera dans une autre, et sous une autre forme. Si vous l'avez sincèrement aimé, aidé, si vous avez fait des sacrifices pour lui, puisqu'il n'a pas été reconnaissant, la loi de justice l'obligera à revenir vers vous pour réparer, et vous vous rencontrerez à nouveau. » L'amour sincère, désintéressé crée des liens que rien ne peut défaire.

Combien de gens sont là, ternes, pesants, bougons ; et même s'ils essaient d'améliorer leur apparence par toutes sortes d'artifices, leur vie intérieure prosaïque, ordinaire, ne cesse de transparaître. Ils ne se préoccupent jamais de l'impression désagréable qu'ils produisent sur les autres. Et après ils s'étonnent qu'on ne les aime pas ! Mais c'est la poésie que l'on aime chez les êtres et que l'on cherche à trouver en eux : quelque chose de léger, de lumineux, de magique, que l'on a besoin de regarder, de sentir, de respirer, quelque chose qui apaise, qui harmonise, qui illumine, afin d'être inspiré. Combien d'expériences malheureuses leur faut-il pour comprendre cela ?

Il est très désagréable d'être l'objet de critiques malveillantes et injustes, mais puisqu'on ne peut pas y échapper, il faut au moins essayer de gagner quelque chose en apprenant à les utiliser. Donc, si vous êtes injustement critiqué, pensez que vous avez là les meilleures conditions pour vous renforcer. C'est vous, un jour, qui remporterez la victoire, et ceux qui vous ont attaqué seront honteux. Car pendant qu'ils étaient occupés à manigancer des intrigues contre vous, ils ne s'amélioraient pas, et non seulement ils ne s'amélioraient pas, mais ils s'affaiblissaient, tandis que vous vous renforciez.

Quand on est à l'abri, au calme, on ne fait aucun effort, et ce calme n'est donc pas un état souhaitable. Si vous pouvez arriver à ce degré de compréhension, vous penserez vous aussi que, malgré les apparences, celui qui est injustement persécuté se trouve dans la meilleure situation. Seulement à une condition : qu'il ne se contente pas de subir ces injustices, mais apprenne à les utiliser.

Un Maître à qui ses disciples demandent des conseils ne fait pas à tous les mêmes réponses, car il tient compte de la nature des personnes et de leur situation. Prenons un exemple très simple comme la santé. Si vous vous portez bien, le Maître vous dira qu'il vous suffit de mener une vie pure, intelligente, raisonnable. Mais si vous êtes malade, bien sûr, il peut aussi vous dire que la façon de vivre est importante, mais encore que vous devez aller voir un médecin, accepter de prendre des médicaments ou même de vous faire opérer. Et pour la question du mariage, à ceux qui ne sont pas mariés, il dira : « Préservez le plus possible votre liberté, faites attention, réfléchissez, ne vous engagez pas prématurément. » Mais si des hommes ou des femmes mariés viennent se plaindre à lui qu'ils se sentent ligotés, brimés, il répondra que maintenant qu'ils ont pris des engagements, ils doivent faire leur possible pour les tenir. Donc, un Maître, qui est conscient de ses responsabilités, donne des conseils d'après la mentalité, les besoins et la situation présente de ses disciples.

Un fruit que vous tenez un moment dans votre main reçoit votre chaleur et se réchauffe. Alors, pourquoi votre amour ne pourrait-il pas aussi l'influencer ? Lorsque vous tenez un fruit avec amour, non seulement sa température s'élève légèrement, mais il reçoit aussi dans son aura la chaleur de votre cœur. C'est de cette manière que vous adaptez le fruit à votre température intérieure et il est bien disposé envers vous.

Pensez-y : avant de manger un fruit, tenez-le un moment dans vos mains en lui demandant de s'ouvrir envers vous. Vous transformez ainsi sa matière éthérique et il vous apportera beaucoup plus que de l'énergie physique : il vous fera participer à sa vie et à celle de toute la nature qui a travaillé à sa formation.

Il est facile d'étudier le monde physique: on peut peser, mesurer, dessiner les contours de chaque élément, et chacun est facilement d'accord sur les chiffres et les formes. Tandis que le monde psychique, le monde intérieur... comment dresser les cartes des régions de l'âme et de l'esprit, mesurer et peser des états de conscience ou dessiner les contours des pensées et des sentiments?...

Mais l'avantage du monde intérieur, c'est que, justement, rien n'y étant matériel, il est à l'abri des attaques extérieures. Si, quelles que soient les circonstances, vous apprenez à donner la première place à la vie intérieure, à la vie spirituelle, personne n'aura de prise sur vos pensées, vos sentiments, vos croyances. Même si on vous prive de votre travail et de tout ce qui vous appartient pour vous enfermer dans une prison, on ne pourra pas vous empêcher de vous sentir libre et de continuer à réfléchir, à prier, à faire des expériences dans vos laboratoires intérieurs.

Les plus grandes révélations sur l'univers et sur nous-mêmes nous viennent du soleil. C'est pourquoi, si vous voulez vraiment vous instruire, adressez-vous au soleil. Regardez-le en lui posant des questions sur l'origine et la nature de sa lumière, de sa chaleur, il vous répondra.

Et vous pouvez aussi, par la pensée, vous projeter dans le soleil où votre Moi supérieur a sa demeure. En même temps que vous êtes en bas, sur la terre, vous êtes aussi en haut dans le soleil. Et puisque c'est là, dans le soleil, qu'est votre vrai moi, efforcez-vous de vous identifier à lui. Quand vous sentez que vous y êtes parvenu, jetez un regard en bas, sur cet être qui est aussi vous. Un lien s'établira alors entre le soleil et vous, ce sera comme un cercle magique, un courant que vous sentirez telle une onde bienfaisante qui vous purifiera, vous illuminera.

Les gens instruits, cultivés se servent de leurs connaissances pour parler, écrire, enseigner, et c'est normal ; mais rarement ils utilisent ces connaissances pour se construire eux-mêmes. Et là, c'est une grave lacune, car malgré toutes leurs connaissances, ils restent faibles, flottants. Il faut toujours lire, étudier, c'est nécessaire. Même dans un Enseignement initiatique, on doit commencer par se familiariser avec des idées : étant donné qu'on ne peut pas encore sentir, goûter et vivre ces grandes vérités, on doit commencer par en prendre connaissance. Mais une fois cela admis, un Maître spirituel pousse toujours ses disciples à mettre l'accent sur la vie. Il leur donne des matériaux, non pas pour les garder dans un coin de leur tête, mais pour commencer à construire quelque chose en eux-mêmes. C'est de cette façon que chacun de vous devrait utiliser l'instruction et la culture qu'il a acquises.

4 Juillet

Parce qu'il est seulement un assouvissement de besoins égoïstes, l'amour sensuel n'apporte aucune lumière, aucune révélation. Tandis que l'amour spirituel réveille en l'homme des connaissances endormies, et il sent tout un savoir remonter à la surface.

Tâchez d'observer les effets que produisent en vous les différentes manifestations de votre amour. Dans ce domaine, les critères ordinaires des humains, ce sont les sensations fortes. Eh bien, non, c'est au contraire dans les manifestations les plus fines, les plus subtiles de l'amour que vous grandirez, que vous deviendrez sage, intelligent et puissant. Comprenez qu'il est essentiel pour vous de dépasser ce stade de la simple sensation, afin de pénétrer les mystères de l'univers et d'augmenter votre lumière intérieure. L'amour peut vous amener jusque-là, mais à condition que vous cessiez de le considérer seulement comme un moment d'effervescence.

Comme dans une illumination il vous est certainement arrivé d'avoir la révélation d'une vérité : avec la rapidité de l'éclair, quelque chose vous a traversé et a bouleversé tout ce qui jusque-là avait été vos convictions, votre façon de voir le monde. Oui, mais sentir tout votre être secoué par une révélation ne signifie pas qu'elle ait suffisamment pénétré votre matière psychique pour que vous puissiez vous manifester aussitôt en conformité avec elle. Vous avez été ébloui, vous avez percé un mystère, mais cela ne suffit pas pour dire que vous avez compris : toutes sortes d'indices dans votre comportement quotidien prouvent que ce n'est pas encore tout à fait le cas. Quand vous réussirez à réaliser ce que vous dites avoir compris, c'est alors seulement que vous aurez réellement compris.

Même les entités les plus puissantes du monde divin ne peuvent pas agir directement sur la terre. Pourquoi ? Parce qu'elles ne sont pas faites de matière physique. Pour intervenir il faut que ce soit les humains eux-mêmes qui leur en donnent la possibilité. Tant qu'il n'y a pas un traître à l'intérieur pour livrer passage aux ennemis, une forteresse reste imprenable. Il faut donc un traître ! Bien sûr, vous direz que ce rôle n'a rien de fameux. Mais dans certains cas, ce n'est pas mauvais non plus ; et puisque la terre est comme une forteresse dont les occupants s'opposent à la venue des esprits lumineux, il faut des traîtres pour leur ouvrir les portes.

Sur la terre, les humains sont aussi puissants que toutes les armées célestes, et quand ils veulent tenir tête, rien à faire. C'est pourquoi le Ciel cherche des traîtres ou, si vous voulez, des alliés qui acceptent de lui livrer le passage. Les spiritualistes sont justement ces alliés grâce auxquels le Ciel peut se faufiler dans cette forteresse qu'est la terre, afin de tout transformer.

Parce que le monde entier n'est pas là à apprécier leurs idées, leurs sentiments, leurs projets, combien de gens se sentent seuls, abandonnés et se lamentent: « On ne me comprend pas, on ne tient pas compte de moi. » Mais qu'ils se consolent ! S'ils ont réellement de si bonnes choses en eux, qu'ils sachent que les anges, les esprits lumineux de la nature et le Seigneur Lui-même les comprennent. Est-ce que cela ne peut pas leur suffire ? Pourquoi vouloir absolument que ce soient les humains qui viennent en foule les applaudir, les féliciter, les admirer ? Les pauvres malheureux, s'ils savaient le danger de ce qu'ils désirent ! C'est exactement comme de vouloir attirer des mouches ; et les mouches, vous savez ce qu'elles font: elles laissent partout de petites signatures ! Ou vouloir attirer des voleurs : on sera vite dévalisé ! Demandez aux gens célèbres si cette célébrité n'a pas d'inconvénients ! Alors, ne vous plaignez pas d'être inconnu, incompris. D'ailleurs, par cette attitude, c'est vous-même qui empêchez les autres de vous apprécier. Soyez heureux que le Ciel vous comprenne, et vous, tâchez de comprendre les autres. Si vous avez réellement de si bonnes choses en vous, tôt ou tard il y aura des gens pour le reconnaître.

Chaque pensée produit des effets. Et si ces effets sont parfois déplorables, c'est que les humains appellent «penser» le seul fait de remuer les éléments de leur monde intérieur sans avoir auparavant pris soin de les purifier et de les organiser. Au lieu de faire des efforts pour s'élever et trouver la lumière du plan mental supérieur, ils restent dans les régions brumeuses, crépusculaires, malsaines du plan astral *; ils n'ont pas su monter de la séphira Iésod à la séphira Tiphéreth **; ils n'ont pas cherché à s'arracher à la région de la lune pour entrer dans la région du soleil. Dans la région du soleil tout devient clair et limpide, il n'y a plus de doutes, d'indécisions, on est dans la certitude absolue, on touche la réalité du monde spirituel et on peut faire par la pensée un travail véritablement créateur. Oui, mais il faut s'élever jusqu'à Tiphéreth.

* Voir note et schéma, p. 372-373.

** Voir tableau et notes, p. 374-376.

Les quatre éléments, terre, eau, air et feu sont les principes constitutifs de tout ce qui existe. C'est pourquoi, ensemble ou séparément ils participent à chaque action, à chaque réalisation. Et même, seulement lorsque nous parlons, il se glisse au travers des mots la présence subtile d'un ou plusieurs de ces quatre éléments, et c'est eux qui donnent à notre parole le pouvoir d'agir. Sachez-le : dans la nature il y a toujours au moins un des quatre éléments qui attend le moment où il pourra habiller ce que vous pensez et exprimez. Quant à la réalisation, elle ne se produit pas toujours là où on l'attend. Quand vous ne voyez apparaître aucun effet là où vous l'espériez, vous pensez qu'il ne s'est rien passé. C'est une erreur : grâce à l'intervention d'un des quatre éléments, il se produit toujours une réalisation, mais parfois très loin de vous, de l'autre côté de la terre.

Comment interpréter la parole de Jésus : *« Soyez parfaits comme votre Père céleste est parfait » ?* Il faut tout d'abord donner quelques précisions sur ce qu'est la perfection. Quand un enfant commence à aller à l'école, pour pouvoir apprendre et progresser il est souhaitable qu'il soit « parfait », c'est-à-dire que son cerveau, ses yeux, ses oreilles, ses bras, ses jambes, etc., soient en état de fonctionner correctement, sinon tout sera beaucoup plus difficile pour lui. De même, quand il est question pour l'être humain de cette perfection dont parle Jésus, ce mot signifie d'abord que les organes de la vie psychique et spirituelle doivent être bien développés et en bon état de fonctionnement ; c'est la condition première pour tendre vers la perfection de Dieu qui est omniscient, tout amour et tout-puissant.

Cela signifie que pour devenir parfait, il faut être déjà parfait ! Vous devez donc chercher à atteindre ce premier degré de la « perfection », qui vous permettra, à force de travail, d'évoluer et d'atteindre, après des incarnations et des incarnations, la perfection de Dieu Lui-même.

Une société est faite de pauvres et de riches, ce qui est le plus souvent cause de conflits et d'affrontements. Alors, comment résoudre cette question ? Eh bien, les pauvres pourraient se dire qu'ils doivent utiliser leur situation pour évoluer. Quant aux riches, ils devraient proposer aux pauvres de partager leurs richesses avec eux ; mais les pauvres leur répondraient : « Non, non, nous ne voulons rien, nous sommes très bien ainsi ! » S'ils avaient la lumière, les riches décideraient de donner, et les pauvres refuseraient de prendre. Donc, maintenant, pour être tous sauvés, les riches et les pauvres doivent se rencontrer et les riches dire aux pauvres : « Je vous en supplie, prenez ! » et les pauvres leur répondre : « Non, jamais de la vie ! » Vous pensez : « Mais c'est une histoire à dormir debout, un conte de fées… une utopie… » Eh, je le sais bien ! Mais pour résoudre les problèmes de la société, il faudrait justement chercher un peu plus du côté de l'utopie.

12 Juillet

C'est la lumière qui contient les véritables richesses. Quand vous apprendrez à travailler avec elle, vous sentirez que vos relations avec les humains s'améliorent peu à peu. Pourquoi ? Parce que lorsqu'on est riche, on devient généreux. C'est parce qu'ils vivent dans l'abondance et la plénitude que les Initiés, les grands Maîtres ont besoin d'aider les autres et de les aimer. Vous ne savez pas encore ce que contient la lumière comme puissance, clarté, pureté, intelligence… Vous le comprendrez quand vous aurez appris à travailler sur les sept couleurs qui sont les composantes de la lumière blanche. Chaque couleur est l'expression d'une vertu : le rouge, la vie, l'amour ; l'orange, la santé, la sainteté ; le jaune, la sagesse ; le vert, l'évolution, l'éternité ; le bleu, la vérité, la paix ; l'indigo, la force ; le violet, l'amour spirituel et la toute-puissance divine. Travaillez avec les vertus des sept couleurs et vous vous sentirez riche de toutes leurs bénédictions.

En descendant explorer la matière les humains ont oublié leur origine divine, et maintenant ils ne se souviennent plus de cette vie qu'ils vivaient au sein de l'Éternel, combien ils étaient lumineux, beaux, puissants. C'est la terre qui les préoccupe : l'exploiter et la ravager pour posséder et dominer toujours davantage. Ils sont allés tellement loin dans cette direction qu'ils vont être obligés de faire marche arrière : au lieu d'avoir toujours leur attention tournée vers le monde extérieur, ils reprendront le chemin de l'exploration intérieure. Ils ne perdront aucune des connaissances qu'ils ont acquises pendant des siècles – cette descente dans la matière restera pour eux une acquisition extraordinaire – mais ils ne resteront pas là, ils partiront à la découverte d'autres régions encore plus essentielles et profondes.

Des êtres grands, nobles, purs ont vécu et vivent encore sur la terre, mais quelles que soient leurs qualités, on ne peut trouver aucune créature qui puisse se comparer au soleil comme lumière, amour, générosité. Le soleil est sur la terre le seul qui exprime la grandeur de Dieu, et c'est lui que nous devons prendre pour modèle.

Si les humains sont si souvent faibles, obscurs, tristes, hargneux, c'est parce qu'ils n'ont pas pour idéal quelque chose d'infini. Leur idéal est de ressembler à tel membre de leur famille, à tel homme politique, tel acteur, ou tel milliardaire. Mais qu'est-ce que c'est que ces modèles ? Allez les voir avec leurs faiblesses, leurs angoisses, leurs désordres ! Tandis que le soleil, rien ne peut se comparer à lui. Si vous le prenez pour modèle, votre intellect recevra sa lumière, votre cœur sa chaleur, votre esprit sa puissance. Et surtout, comme lui, vous saurez être généreux.

Le bonheur et l'épanouissement des humains dépendent d'une bonne compréhension de l'amour. Malheureusement cette question n'est jamais claire pour eux. Dès qu'ils ressentent une attraction, au lieu de comprendre qu'il s'offre à eux une occasion d'entreprendre de grandes réalisations spirituelles, ils veulent tout de suite satisfaire leur désir et finissent par tout gâcher. Pourquoi ne peuvent-ils pas attendre, afin de bénéficier le plus longtemps possible des conditions que leur donne cette rencontre pour s'élever, être inspirés et remporter des victoires ?

Aimer est une bénédiction. C'est pourquoi protégez votre amour le plus longtemps possible, en sachant que le jour où vous lui donnez une issue dans le plan physique, vous tournez une page pleine de poésie pour en commencer une nouvelle où sont inscrites toutes les complications.

Le mot « bénir » signifie littéralement : dire de bonnes choses, dans le sens de : prononcer des paroles qui apportent le bien. La véritable bénédiction ouvre donc un canal pour faire descendre sur la terre les influences du Ciel. C'est un acte de magie blanche. Mais cet acte de magie blanche n'a d'efficacité que si l'être humain qui l'accomplit est désintéressé, pur, maître de lui. Quant à celui qui reçoit cette bénédiction, il doit être au moins réceptif, désireux de s'améliorer et de travailler pour la lumière. Si ces conditions ne sont pas remplies, évidemment la bénédiction reste un geste vide de sens. Malgré cela, il est toujours bon de garder ce rite dans l'espoir qu'un jour les humains, prenant conscience de ce qu'il représente, en feront une parole et un geste véritablement bénéfiques.

Vous augmenterez en vous la puissance d'une prière si vous l'accompagnez d'un exercice de respiration. Commencez par exemple avec les trois premières demandes du « Notre Père ». Asseyez-vous et placez vos mains sur les genoux. Inspirez six temps en disant mentalement : *« Que ton nom soit sanctifié. »* En retenant le souffle six temps : *« Que ton règne vienne. »* Et en expirant six temps : *« Que ta volonté soit faite sur la terre comme au ciel. »* Répétez cet exercice quatre ou cinq fois par jour durant quelques semaines.

Depuis vingt siècles, des milliards de chrétiens ont prononcé ces mots et, même s'ils n'étaient pas tellement conscients de leur signification, ils en ont fait, dans le monde invisible, une formule vivante, un réservoir de forces accumulées. Vous-même, en les répétant maintenant consciemment et en les renforçant par la respiration, vous vous liez à ce grand réservoir et vous attirez à vous toutes ces énergies bénéfiques pour mieux continuer votre travail.

N'importe qui peut se prétendre disciple d'un Maître, mais qu'en est-il en réalité ? Le véritable disciple est celui qui, grâce à la présence visible ou invisible de son Maître, a conscience d'entrer en relation avec un principe supérieur qui a le pouvoir de transformer ses pensées, ses sentiments et ses actes. À partir de ce moment-là, la vie qui émane de lui est marquée du sceau de l'esprit. Au fur et à mesure que cette vie jaillit, elle produit des changements jusque dans son aspect physique ; sur son visage, sur ses gestes, sur tout son comportement, elle imprime quelque chose de plus harmonieux, de plus expressif, de plus lumineux.

Quand les gens prétendent chercher la vérité, il serait plus exact de dire qu'ils cherchent uniquement quelque chose qui leur convient à eux. Aussi, quand ils rencontrent la vérité, comme elle ne correspond pas à leurs désirs, ils disent : « Non, non, ce n'est pas de toi que j'ai besoin », et ils se détournent. La vérité qu'ils cherchent doit leur donner les moyens de satisfaire leurs convoitises, leurs ambitions, et c'est pourquoi ils ne la trouvent jamais : ils font tout pour ne pas la trouver ! S'ils voulaient vraiment trouver la vérité, depuis longtemps déjà ce serait fait. Aujourd'hui encore ils peuvent la trouver, car c'est très facile, ils peuvent la voir, l'entendre et la toucher partout, mais à condition de ne pas attendre qu'elle réponde à leurs conceptions limitées, à leurs besoins égoïstes.

Au lieu de rester là désœuvré, à perdre son temps et ses énergies dans des activités qui ne lui apportent rien de bon, l'être humain, par son travail patient, intelligent, peut renforcer considérablement certaines entités lumineuses qui sont en lui. Lui-même peut-être est faible, mais ces entités sont puissantes, et s'il leur donne les conditions de manifester leur pouvoir, grâce à elles il ira partout éclairer des créatures et préparer la venue du Royaume de Dieu. Pour le moment combien, même parmi vous, participent vraiment à ce travail ? Posez-vous sincèrement la question. Vous êtes encore indécis, flottants, au service de forces aveugles. Consacrez-vous enfin au service d'un idéal élevé – l'avènement du Royaume de Dieu – et ne vous demandez pas ce que vous deviendrez. Cet idéal vous apportera tout.

La pureté est la clé de la santé, de la joie, du savoir, de la puissance, de la vie éternelle. Quand vous vous purifiez, la lumière entre plus facilement en vous, et vous commencez à y voir plus clair, donc à acquérir une meilleure intelligence des choses. Les particules maladives qui nuisent à la santé sont chassées et vous devenez mieux portant. Celles qui entravent la volonté sont rejetées et vous devenez plus fort. Tout ce qui est pesant, pénible vous quitte, vous vous sentez plus léger, et la joie vous envahit. Et comme l'impureté entraîne la fermentation, la dislocation et la mort, c'est par la pureté qu'on gagne la vie éternelle. Donc, l'immortalité, la joie, la puissance, la santé, l'intelligence ne sont rien d'autre que des aspects différents de la pureté. Voilà un résumé de la Science initiatique… À vous maintenant de vérifier si c'est vrai.

Lorsque vous décidez de faire une retraite spirituelle de quelques jours, tâchez de vous y consacrer entièrement. C'est vous qui avez pris cette décision, tâchez de ne pas avoir un pied ici et un pied ailleurs, car ce n'est pas dans la bifurcation que vous obtiendrez de grands résultats. Quand vous rentrerez chez vous, vous pourrez retrouver toutes vos occupations ; mais pendant cette période, efforcez-vous d'entrer en vous-même pour vous retrouver, pour comprendre qui vous êtes, quel est le sens de votre existence, et avoir enfin une petite conversation avec le monde divin. Si, au moment de prier, de méditer, votre pensée court retrouver vos soucis habituels, à quoi cela sert-il que vous vous en soyez éloigné ? C'est même du temps perdu pour vous. Puisque vous avez décidé de faire un travail en profondeur, tâchez de ne pas vous éparpiller dans des préoccupations qui introduiront en vous des éléments étrangers à ce travail.

Un jour, Fatmé, la femme de Nastradine Hodja, faisait la lessive ; un corbeau, qui volait par là s'approcha et emporta le savon. Elle partait à sa poursuite en poussant des cris quand Nastradine Hodja, qui était occupé à manger des loukoums, lui dit : « Reste tranquille, Fatmé, le corbeau est plus noir que nous, il a plus besoin que nous de ce savon. » Vous riez ? Mais ce raisonnement est celui de beaucoup de gens qui, se comparant à d'autres moins évolués qu'eux, se trouvent évidemment propres et blancs.

Il n'est pas interdit de faire des comparaisons, mais à condition de se comparer à tous ceux qui sont plus honnêtes, plus généreux, plus lumineux que soi et de se dire : quel chemin j'ai encore à faire ! Et ne jamais regarder en arrière. Car celui qui se retourne sans cesse pour voir le chemin parcouru, s'arrête d'avancer et il n'atteindra jamais le sommet. Tandis qu'un autre, qui ne s'arrête pas et avance en fixant son regard sur le sommet, atteindra un jour le but et pourra se reposer enfin du vrai repos.

24 Juillet

Croyants ou incroyants, nous avons notre existence en Dieu, et Dieu vit en nous. La différence, c'est que les uns en ont conscience et les autres non. L'incroyant ne cesse d'accumuler en lui des écrans au point de ne plus rien sentir ; et comme ce que l'on ne sent pas n'existe pas, il finit par nier l'existence de Dieu. Ce qui est absolument vrai : dans ces conditions Dieu n'existe pas. Tandis que pour celui qui croit en Lui, Dieu existe. Seulement, la plupart du temps, cette croyance n'est pas encore tout à fait consciente. Pour qu'elle le devienne, il faut qu'il arrive à sentir que Dieu vit en lui et qu'il vit en Dieu, afin de former avec Lui une unité absolument indissociable. À ce moment-là, plus rien ne peut le faire douter, car sans arrêt il vit la vie divine, il est plongé en elle, elle le traverse, elle imprègne tout son être.

Un jeune garçon ou une jeune fille vient me voir et me dit : « Je pense qu'il n'est pas bon pour moi de me marier et d'avoir des enfants, c'est la spiritualité qui me tente. » Mais en voyant sa constitution, sa structure, je réponds : « Étudiez-vous bien… Je crois qu'il est préférable pour vous de fonder une famille : la solitude vous pèsera, vous ne saurez que faire de votre liberté, et vous ne ferez qu'importuner votre entourage. » Et à quelqu'un qui pensait fonder une famille, il est arrivé que je dise : « Étudiez-vous bien avant de prendre une décision… Vous ne semblez pas tellement construit pour le mariage ; très vite vous allez vous sentir ligoté, et non seulement vous souffrirez, mais vous ferez aussi souffrir celui ou celle avec qui vous vivrez. »

Chacun vient sur la terre avec une constitution, un tempérament déterminés, et il est important qu'il ait conscience de ses tendances profondes afin de ne pas prendre une direction où il s'égarera. À cause des expériences qu'il a faites dans ses incarnations antérieures, chacun arrive avec un programme à remplir qui est en relation avec ses possibilités. Ce n'est pas lui qui peut maintenant décider de ses aspirations profondes.

Nous ne pouvons percevoir clairement les choses et raisonner correctement d'après ces perceptions que si nos appareils sont en bon état de marche. Et quels sont ces appareils ? L'intellect, le cœur et la volonté. Or, on est obligé de reconnaître que chez la majorité des humains, ces appareils sont déréglés : trop de chocs, de nervosité, d'émotions, d'influences négatives, et voilà l'intellect assombri, le cœur refroidi, la volonté affaiblie. Comment se fier à de tels appareils ?... Alors, c'est clair, il faut s'occuper de leur révision. Que se passerait-il avec les voitures, les trains, les avions, si on ne vérifiait jamais les freins, le moteur, le tableau de bord ?... Mais en eux-mêmes, les humains s'imaginent qu'ils n'ont jamais rien à vérifier : ils sont au-dessus de tout ça ! Et voilà pourquoi il y a tant d'accidents : toutes leurs difficultés, tous leurs malheurs viennent de ce que leur intellect, leur cœur ou leur volonté sont déréglés. Il faut donc que de temps en temps ils se posent des questions sur l'état de ces appareils qui leur ont été donnés pour penser, aimer, travailler.

Pourquoi allons-nous contempler le soleil le matin ? Parce que c'est lui qui nous met dans les meilleures dispositions pour aimer et aider les humains. Tant qu'on n'a pas ce modèle de chaleur et de lumière, on se laisse aller à des manifestations égocentriques et grossières. Regardez ce qui se passe dans le monde : on ne voit que des gens qui veulent profiter des autres, les asservir, les écraser. Ce n'est pas glorieux, tout ça ! Tandis qu'avec le soleil, nous avons l'image d'un être toujours rayonnant et généreux. Et en admettant même qu'il ne soit pas un être intelligent et raisonnable au sens où nous l'entendons, le contact conscient avec sa chaleur et sa lumière ne peut que nous inspirer des sentiments plus fraternels à l'égard des autres.

28 Juillet

Il est souhaitable pour chacun d'être libre, oui, mais pas de n'importe quelle façon. Beaucoup de gens font tout pour échapper à leurs obligations, pour fuir leurs devoirs, couper tous les liens, et voilà, ils se croient libres ! Non, car la vraie libération consiste à commencer par payer toutes ses dettes, c'est-à-dire à assumer ses engagements, et non à se débarrasser de sa femme, de ses enfants, de son patron, de la société, ou de la vie même ! Comme celui qui, après avoir bien mangé dans un restaurant, veut partir sans payer. C'est malhonnête, et les esprits lumineux qui nous surveillent n'acceptent pas une telle attitude. C'est pourquoi ceux qui veulent se libérer ainsi rencontrent fatalement de nouvelles entraves, de nouvelles servitudes pour leur apprendre qu'ils se trompent : c'est ce qui s'appelle « tomber de Charybde en Scylla ». Il n'y a pas de libération possible tant qu'on n'a pas payé toutes les dettes. Rien ne vaut la liberté, mais à condition de la chercher d'après les règles divines.

Vous demandez d'après quels critères on peut reconnaître un véritable Maître spirituel. C'est très simple : un Maître spirituel doit remplir au moins trois conditions. D'abord, posséder la connaissance de l'essentiel, c'est-à-dire non pas ce que les humains ont écrit, créé ou raconté, mais l'essentiel d'après l'Intelligence cosmique. Deuxièmement, un Maître doit pouvoir tout dominer, maîtriser et contrôler en lui. Celui qui est incapable d'apaiser et d'harmoniser les mouvements de son être intérieur, peut toujours se faire appeler « Maître », il n'en est pas un ; et ce titre qu'il ne mérite pas ne servira qu'à le rendre ridicule. La nature ne reconnaît pas les diplômes humains, elle ne décerne de diplômes qu'à ceux qui possèdent la science de l'essentiel et qui ont appris à se dominer. « Et le troisième critère ? » demandez-vous… Il s'agit d'une qualité encore plus difficile à acquérir : mettre cette science et cette maîtrise de soi au service de l'amour, pour le bien du monde entier.

30 Juillet

Dans notre vie intérieure nous sommes tous, à un moment ou à un autre, exposés à traverser un désert. Le disciple, qui en est conscient, travaille afin d'avoir pour ces moments-là de l'eau en réserve ; et cette eau, c'est la foi et l'amour. Seuls la foi et l'amour lui permettront de survivre à cette épreuve : même épuisé, inanimé, il ne doit pas les perdre. Cette perte, si elle se produit, est due à sa nature inférieure qui, n'étant pas encore complètement jugulée, attend l'occasion favorable de se jeter sur lui pour le terrasser. Même en plein désert, le disciple doit pouvoir dire : « Seigneur Dieu, je suis entre tes mains, Tu m'as tracé mon chemin, et je marche vers Toi, avec Toi, je veux Te servir, je T'aime. Seigneur, aide-moi. » C'est tout. S'il perd sa foi et son amour, c'est qu'il ne les avait jamais eus, ou seulement en surface. Lorsque vous possédez vraiment une vertu, elle est soudée à vous, elle fait corps avec vous, vous ne pouvez pas la perdre.

Le ciel étoilé est une des plus grandes merveilles de la nature. Mais il y a différentes manières de regarder les étoiles. Vous pouvez prendre une carte du ciel et un livre d'astronomie qui expose en détail tout ce que l'on sait sur les astres et les planètes. C'est certainement très utile pour votre compréhension de l'univers. Mais qu'est-ce que tout cela apportera à votre âme et à votre esprit ?

Et surtout quelle différence avec les expériences que vous pouvez faire en contemplant le ciel étoilé sans autre préoccupation que de vous fondre dans cette immensité ! La paix dont vous êtes peu à peu envahi vous soulève, vous n'avez plus que le désir de vous arracher à la terre, de vous transporter très loin dans l'espace afin d'entrer en relation avec les entités spirituelles dont les astres sont les manifestations physiques. Dans ces régions où vous vous trouvez projeté, vous sentez que rien n'est plus important que de vous unir à l'Esprit cosmique, de vous laisser pénétrer par lui, afin de parvenir à la véritable compréhension des choses, une compréhension qui imprègne toutes vos cellules.

La lumière que nous voyons n'est en réalité que la matérialisation de la lumière primordiale. Et cette lumière primordiale, première émanation de Dieu, c'est le Christ, le Soleil cosmique. Oui, l'esprit qui se manifeste et qui nous parle à travers le soleil est l'esprit du Christ, et si nous apprenons comment nous lier à lui, il nous donnera toutes ses bénédictions : la lumière, la chaleur, la vie, la beauté, la pureté, la santé... Mais pour cela, il ne suffit pas d'aller s'exposer au soleil comme le font beaucoup de gens, instinctivement, sans la participation de leur conscience : les quelques rayons qu'ils reçoivent à ce moment-là ne leur apportent pas grand-chose.

Pour recevoir du soleil des éléments véritablement divins, c'est notre esprit qui doit aller le toucher, entrer en contact avec lui, le pénétrer, se fondre en lui... Oui, notre esprit, pas seulement notre peau ! S'exposer physiquement au soleil, c'est déjà bien ; mais si notre conscience, notre intelligence, notre esprit participent à cette rencontre avec lui, nous recevrons bien plus que de la chaleur et de la vitalité : il nous donnera la connaissance, l'illumination.

Pour triompher de vos tendances instinctives, vous ne devez pas compter sur votre seule volonté, car c'est vous qui serez vaincu. Pour maîtriser la force sexuelle, par exemple, il faut appeler les entités célestes, c'est-à-dire avoir un haut idéal, un amour formidable pour la perfection, pour la pureté, pour la beauté. Ce n'est donc pas facile, et toute une science est nécessaire pour y parvenir. Si vous n'avez pas un haut idéal, si vous ne voulez pas vivre la vie divine, la vie parfaite, ce n'est même pas la peine de lutter contre la force sexuelle, car vous n'arriverez pas à la sublimer, mais seulement à la refouler, et le refoulement n'est pas une solution au problème de la sexualité. Le refoulement n'est rien d'autre que le refus de donner à la force sexuelle son issue naturelle, sans nourrir en soi un idéal capable de faire un travail sur les plans supérieurs. Or, seul un amour formidable pour un haut idéal peut vous permettre de sublimer vos énergies.

Au Bonfin, pour assister au lever du soleil, nous montons chaque matin sur le Rocher. Mais est-ce que vous pensez à donner votre amour et vos bonnes pensées à ce Rocher ? Vous pouvez même le toucher, le caresser : ses vibrations changeront alors à votre égard et vous en ressentirez une grande joie. Oui, caressez-le de temps en temps comme vous caresseriez la main d'un être que vous aimez. Évidemment, il est rugueux comme la peau d'un éléphant, mais cela ne fait rien, il est, comme cet animal, rempli de bonté. Ne vous laissez pas tromper par les apparences. Vous croyez qu'un rocher est inerte, sans âme… Eh non, une histoire extraordinaire se déroule autour de lui depuis des millions d'années, et il est capable de vous la raconter.

L'époque vient où vous devez apprendre à communiquer avec toute la nature, sentir que tout est vivant, que vous pouvez parler aux rochers, aux fleurs, aux animaux, à l'eau, à l'air, à la lumière et même aux étoiles, et que, de leur côté, ils peuvent aussi vous instruire.

C'est dans les forêts équatoriales, où règne une très forte chaleur, que se trouve la plus grande quantité de bêtes sauvages et de fauves. De même, celui qui vit souvent à l'équateur (l'estomac, le sexe) nourrit des passions (les fauves) qui finissent par le ravager. En soi-même comme chez les autres, il faut éviter de réveiller ou d'alimenter le feu des passions. C'est pourquoi un Maître spirituel tâche de ne pas laisser ses disciples séjourner dans la chaleur, mais de les mettre un peu dans le froid, c'est-à-dire la sagesse.

Celui qui est riche, puissant et glorieux vit dans la chaleur où il y a abondance de tout. À ce moment-là les fauves s'éveillent, et s'il ne sait pas les dominer, il se laisse aller à vivre dans la débauche, à satisfaire ses ambitions aux dépens des autres, et ainsi il descend peu à peu vers l'enfer. Il est donc préférable que tous ceux qui sont faibles n'aient pas trop de possibilités matérielles : il leur sera moins difficile de maîtriser leurs fauves intérieurs.

Une tradition rapporte qu'au Paradis, dans le jardin d'Éden, Ève surpassait toutes les fleurs par son parfum. Mais après le péché originel, qui représente une descente dans les régions plus obscures de la conscience, elle a perdu cette propriété de distiller des parfums, et les fleurs ne l'ont plus reconnue. Car les fleurs sont pures, chastes, elles n'ont aucun désir astral, et en voyant la faute qu'Ève avait commise, elles ont renoncé à lui communiquer comme avant toutes leurs vertus.

C'est parce que les femmes ont gardé dans leur inconscient le souvenir de cet état ancien au Paradis qu'elles éprouvent le besoin de se parfumer. En réalité, il leur serait possible de retrouver à nouveau ce parfum, mais à condition de rétablir en elles cet état de pureté originelle, par des pensées et surtout par des sentiments, des désirs d'une grande pureté.

Les obstacles que vous rencontrez dans la réalisation de votre haut idéal ne sont pas là pour vous décourager, mais pour vous inciter à donner aux humains des œuvres ou des exemples d'une valeur inestimable. Qu'ils ne s'en rendent pas compte pour le moment, vous ne devez pas vous en préoccuper. Tout ce que vous vous efforcez de créer par l'amour et la lumière restera immortel, c'est la seule chose qui compte. Continuez à marcher, et vous sentirez que les difficultés agissent de façon bénéfique sur vous en renforçant votre caractère. Plus on essaie de vous brimer, de vous ligoter, plus vous devez chercher à devenir fort, plein d'espoir et d'une foi inébranlable. Tôt ou tard, non seulement ceux qui ont dressé des obstacles devant vous se rendront compte que vous étiez un être exceptionnel, mais vous entraînerez sur vos traces des milliers de personnes, vous ferez du bien partout.

Le propre des adolescents est de croire qu'ils peuvent se débarrasser de l'influence et de l'autorité des adultes pour ne compter que sur eux-mêmes, sur les expériences qu'ils vont faire, eux, pour trouver « leur vérité ». C'est normal, ce n'est pas mauvais, il faut qu'ils trouvent leur chemin. Mais quand ils parlent de faire leurs propres expériences, on constate, la plupart du temps, que ce mot « expériences » sous-entend des aventures risquées : le libertinage, les cigarettes, l'alcool, la drogue, les excès de toutes sortes et même la délinquance. Désormais, ils devraient se dire que « faire des expériences », c'est aussi s'efforcer de marcher sur le chemin de la lumière et des vertus divines… Car là, plus qu'ailleurs, les attendent de merveilleuses aventures.

On raconte qu'un jeune homme fit un jour un pacte avec le diable. « Tu veux devenir riche ? C'est entendu, lui dit le Malin, mais chaque fois que je t'apporterai de l'argent, tu devras me donner quelque chose en échange. – Et quoi ? – Un de tes cheveux. – Seulement un cheveu ? D'accord ! » dit le jeune homme tout content. Son avidité fit qu'en très peu de temps il devint chauve, ce qui entraîna beaucoup de changements dans sa vie : sa fiancée l'abandonna parce qu'elle le trouvait ridicule ; de chagrin, il se mit à boire et plus personne ne voulut le fréquenter. Enfin, un jour d'hiver où il était sorti tête nue, il prit froid et mourut !

Bien sûr, c'est une anecdote humoristique, mais des quantités de gens raisonnent ainsi : « Qu'est-ce que je perds à couper le lien avec le Seigneur, à satisfaire mes caprices ? Il ne se passe rien ! » Eh bien, malheureusement si, il se passe quelque chose : chaque jour quelques particules de lumière, de vitalité se détachent d'eux, et comme cette perte se fait sentir dans leur vie familiale, leur vie professionnelle, c'est ainsi que peu à peu ils gâchent tout.

9 Août

Des courants bénéfiques et des courants nocifs circulent à travers l'espace, mais si vous avez une aura puissante, lumineuse, les courants nocifs sont empêchés d'arriver jusqu'à votre conscience pour vous ébranler ou vous nuire. Pourquoi ? Parce qu'avant de vous atteindre, ils doivent rencontrer votre aura, et c'est elle qui s'oppose à leur introduction. Or, la qualité de votre aura, sa capacité à vous protéger, dépend de votre façon de vivre. Chez celui qui se laisse aller à ses penchants inférieurs, l'aura devient semblable à un marécage qui n'attire que les influences obscures, ténébreuses. La question qui se pose donc à vous, c'est de savoir travailler pour que votre aura ne reçoive que des courants favorables : non seulement ce champ magnétique que vous avez ainsi créé vous garde à l'abri, mais il influence bénéfiquement les êtres que vous approchez. Ils ne savent pas pourquoi, mais près de vous ils se sentent bien. En réalité, ce qu'ils sentent, c'est une présence, la présence des êtres spirituels que votre aura a attirés.

« Cherchez le Royaume de Dieu et sa Justice », disait Jésus. C'est donc que le Royaume de Dieu a une justice spéciale qui n'est pas celle de la terre. Sur la terre, dès qu'un homme porte plainte, même si c'est pour trois fois rien (on a empiété sur son terrain... on ne l'a pas payé exactement... on lui a dit des injures...) toutes les lois sont avec lui et l'autre est condamné. Mais celui qui est bon, généreux, qui apporte la paix autour de lui, aucune justice humaine ne vient le récompenser. Sur la terre, la justice sert surtout à protéger ce que les humains ont de plus égoïste et mesquin. La nature supérieure de l'homme, elle, n'est pas reconnue, elle est même bafouée, piétinée. Un homme honnête, désintéressé, intègre, est embêtant et tous essaient de se débarrasser de lui pour continuer à faire tranquillement leurs trafics. Eh bien, voilà ce qui n'est jamais accepté dans le Royaume de Dieu !

En même temps qu'ils cherchent à se maintenir en bonne santé et à être « en forme », comme ils disent, les humains ne cessent de s'affaiblir en dispersant leurs énergies. Eh oui, ils sont tous des as de la dispersion et de l'éparpillement ! Chacun a plusieurs buts, plusieurs idéaux, plusieurs amours, plusieurs credos, et souvent les uns en contradiction avec les autres. Ils ne se rendent pas compte que cette bifurcation, cette division intérieure produit en eux des fissures, où se faufilent des impuretés, des esprits ténébreux qui grignotent leurs énergies. Alors, qu'ils ne s'étonnent pas ensuite d'être fatigués, vidés, car cela continuera tant qu'ils n'auront pas appris à se concentrer sur une idée, un but, un idéal. Il n'y a de véritable santé et de véritable force que dans l'unité, lorsque nous parvenons à concentrer toutes les puissance de la conscience et du subconscient au service d'un idéal divin.

Veillez à être mesuré dans vos paroles, car même si vous ne pensez pas vraiment ce que vous dites de négatif, des entités mauvaises peuvent se servir de la matière de ces paroles pour les réaliser. Et vous ne pourrez pas le leur reprocher, c'est à vous de ne pas leur fournir le moyen de faire du mal. Dans certains pays les gens ont l'habitude de prononcer des malédictions ; pour n'importe quoi ils maudissent leurs parents, leurs enfants, leurs voisins… C'est une très mauvaise habitude, car ces paroles créent des conditions pour le malheur. Il faut donc être très vigilant.

Et il vaut mieux aussi ne jamais terminer une conversation sur des paroles négatives, car il existe une loi d'après laquelle ces paroles continuent à agir. Même si vous êtes obligé de critiquer quelqu'un, ne finissez pas sur une critique. Cette personne doit bien avoir au moins une bonne qualité ? Alors, mentionnez-la et arrêtez-vous.

13 Août

Le repos, les vacances sont nécessaires. Mais dans quel but les gens prennent-ils en général leurs vacances ? Pour s'améliorer ?... pour faire un travail spirituel qui les rapprochera du Seigneur ? Non, pour donner une issue à toutes les tendances instinctives comprimées en eux pendant le reste de l'année. Pendant les vacances on a plus de temps, et dans des endroits éloignés, au milieu d'inconnus, on peut se permettre beaucoup de choses. Voilà comment tous ces gens qui devraient rentrer de leurs vacances reposés, rajeunis, rayonnants, reviennent avachis, malades, et emberlificotés dans des histoires inextricables. Eh bien, moi je vous dis que les vacances sont faites pour se purifier et se consacrer à des travaux spirituels qu'on n'est pas libre d'exécuter pendant le reste de l'année. Cela ne signifie pas que pendant ces dix ou onze mois on n'a aucune activité spirituelle ; si, mais les vacances doivent permettre de s'y adonner enfin entièrement et librement. Et c'est cette activité qui repose, apaise, fortifie, vivifie, embellit, ressuscite.

Ceux qui pensent que l'homme ne doit pas s'aimer lui-même sont dans l'erreur. Il est normal de s'aimer, c'est la nature qui a donné cet instinct à ses enfants ; seulement ils doivent apprendre à s'aimer en ayant conscience de leur dignité de fils de Dieu.

Est-ce vraiment avoir de l'amour pour soi que de manger et boire n'importe quoi et n'importe comment, de fumer, de mener une vie déséquilibrée, de ruminer des pensées et des sentiments destructeurs ? Non. S'aimer, c'est veiller à ne laisser entrer en soi aucun élément nocif, qu'il soit physique ou psychique. Par la pureté, vous préparez les conditions pour que des entités lumineuses viennent vous visiter. Et quand vous êtes attentif à ne faire aucun mal aux autres, mais au contraire à les aider, les soulager, les consoler, là encore vous préparez les conditions pour que le Seigneur vienne faire en vous sa demeure et vous apporte toutes ses bénédictions. Voilà comment vous devez vous aimer.

L'homme est sur la terre pour travailler ; et quand je dis travailler, cela signifie d'abord travailler sur lui-même, faire des efforts afin de se dépasser, de se surpasser. Bien sûr, on voit chaque jour les gens aller au travail, mais les efforts qu'ils font ont surtout pour but d'assurer leur subsistance, leur bien-être, leur sécurité matérielle. Pour le travail de la pensée qui les rendrait maîtres de toutes les situations, ils ne sont pas tellement prêts. Ils comptent sur une existence facile où il ne leur arrivera rien de pénible ou de fâcheux : le Seigneur Lui-même doit les protéger, leur donner la tranquillité, la santé ; c'est même pour cela qu'ils Lui adressent des prières. Quant aux incroyants, c'est de la société qu'ils attendent protection et secours.

Eh bien, non, les humains doivent savoir qu'ils ne seront jamais totalement à l'abri et protégés. Ils sont sur la terre pour apprendre, pour se développer, et les difficultés, les épreuves sont là justement pour les y obliger, ils ne peuvent pas y échapper. Alors, au lieu de courir à droite et à gauche pour exiger, protester et se plaindre, chacun doit faire un travail intérieur, car c'est en lui-même qu'il trouvera d'abord les remèdes, les consolations et l'espoir.

Combien de circonstances empêchent les humains d'avoir une juste appréciation des choses et des situations ! Ils se croient objectifs, impartiaux, alors qu'en réalité ils dépendent des conditions : l'hérédité, l'éducation, la position sociale, les fréquentations, leur état physique ou psychique. Si vous n'avez pas dormi ou pas mangé, tout vous irrite. Si vous recevez une promotion dans votre travail, la vie est belle. Mais vous vous disputez avec votre femme ou votre mari, et le monde entier vous paraît détestable. Vous avez des preuves qu'un homme est méchant, immoral, et vous le jugez très mal, mais voilà qu'il vous fait un cadeau magnifique : est-ce que votre opinion sur lui ne va pas changer ?

Il est normal que vous soyez poussé à porter des jugements en fonction des circonstances, mais vous devez être conscient de cette influence et ne pas y céder sans réfléchir. Sinon, en dépendant de conditions et de points de vue aussi personnels, comment pourrez-vous parvenir à une juste appréciation des choses ?

Tout le monde est d'accord pour reconnaître l'importance de la nourriture, de sa fraîcheur, de sa qualité. Mais comment manger, c'est une question encore plus importante. La plupart des gens passent leurs repas dans des conversations, des gesticulations, des chamailleries, au milieu desquelles ils mettent de temps à autre quelque chose dans leur bouche. Et ils ne voient là rien d'anormal, ils croient que dans n'importe quelles conditions leur organisme se chargera de recevoir et de trier les éléments nécessaires à son bon fonctionnement. Eh bien, pas toujours justement : toutes sortes de problèmes de foie, d'estomac, d'intestins viennent des conditions dans lesquelles ils ont mangé.

Quelqu'un dira : « Mais moi, j'ai toujours eu une excellente digestion ! » Très bien, mais est-ce que ça durera ?... Et puis, il faut savoir que la nourriture contient des forces et des éléments subtils que seule une nutrition consciente peut nous permettre de recevoir. Ces éléments, qui appartiennent au plan éthérique, au plan astral et même au plan mental*, peuvent nous aider à améliorer nos pensées, nos sentiments, tout notre comportement. Oui, mais à condition d'apprendre à manger consciemment.

* Voir note et schéma, p. 372 et 373.

La cause des événements que nous vivons n'est jamais à l'extérieur de nous, mais en nous. C'est pourquoi au lieu d'accuser continuellement les conditions, la famille, la société, le gouvernement, il faut se dire une fois pour toutes : « Arrête de t'en prendre aux autres ! Si tu avais été plus sage, tu n'en serais pas là. C'est en toi que tu dois chercher la cause des bonheurs, des malheurs, des succès, des insuccès, pas au-dehors. »

En réalité, ce n'est peut-être pas dans cette incarnation mais dans une autre que l'on a créé les causes de ses difficultés actuelles. Mais peu importe ! L'essentiel, c'est de comprendre que l'on est toujours soi-même le facteur déterminant. Tant que vous refuserez la réalité de votre responsabilité, tout continuera à vous échapper. Mais au moment où vous prendrez véritablement conscience que c'est de vous que tout dépend, vous aurez en main les rênes de votre destinée.

Quand vous versez de l'eau dans un verre, vous êtes en présence de cet élément que l'on retrouve sous une extraordinaire variété de formes dans la nature : les océans, les mers, les lacs, les rivières, les torrents qui descendent de la montagne, les petites sources qui jaillissent loin des regards au milieu des herbes et des cailloux, la pluie qui vient abreuver la terre, et aussi la neige et la glace… Vous direz : « Comment ? Vous nous demandez de voir tout cela dans un verre d'eau ? » Oui, pourquoi pas ?…

Vous êtes dans votre cuisine ou votre salle de bains et vous prenez de l'eau du robinet pour préparer votre repas ou vous laver. Bien sûr, ce n'est pas le cadre le plus poétique pour entrer en contact avec l'eau, mais c'est quand même le moment de penser au symbole qu'elle représente : la vie, la pureté… et vous pouvez rejoindre par l'imagination toutes les eaux sur la terre.

L'amour est une énergie. C'est pourquoi, lorsque vous aimez quelqu'un, la question la plus importante que vous ayez à vous poser, c'est la direction dans laquelle vous projetez cette énergie, ce qu'elle part faire dans le monde comme constructions et réalisations, ou comme dégâts et destructions… Est-ce que ce ne sont pas des éruptions volcaniques qui vont retomber sur la tête de certains et ensevelir des villes entières ? Si vous voulez seulement éprouver du plaisir, certaines entités inférieures capteront les énergies que vous projetez ainsi pour s'en régaler à vos dépens ; puis, s'étant ainsi renforcées, elles s'en iront ravager le monde. Les énergies de l'amour sont des énergies divines, elles viennent du Ciel et doivent retourner au Ciel. Ceux qui sont conscients de cette vérité demandent aux entités spirituelles de diriger leurs énergies et de les utiliser pour le bien de l'humanité, car ce sont des puissances formidablement vivantes et agissantes.

N'abandonnez jamais la vie spirituelle, car c'est grâce à elle que vos difficultés se transformeront un jour en succès, en victoires. De temps à autre, vous pouvez être tenté de suivre une autre voie, parce que vous trouvez que cet engagement spirituel vous empêche de réaliser certaines ambitions sociales ou de goûter certains plaisirs et distractions de la vie. Bien sûr, vous êtes libre, mais vous verrez vite la gravité de votre erreur et de quoi vous vous privez. La vie spirituelle est un lien que vous avez avec le Ciel, un lien grâce auquel vous vous instruisez et vous progressez, même à votre insu. Si vous coupez ce lien, vous êtes perdu, car vous vous mettez hors de la lumière.

Si jusqu'à présent vous n'avez pas obtenu de grandes victoires, c'est parce que vous n'avez pas encore véritablement expérimenté la puissance de l'esprit. Commencez à croire en cette puissance, et vous découvrirez combien elle est réelle. Plus le temps passera, plus vous la sentirez se manifester.

Avoir des ennemis est évidemment désagréable, mais si vous voulez vous défendre, tâchez de trouver quelque chose en eux qui vous les fasse un peu aimer. Si vous les haïssez, il se produit des déchirures dans votre aura, et par ces déchirures une communication s'établit avec tout ce qui est négatif en eux : vous recevez ainsi des éléments nocifs qui, entrés en vous, commencent à vous détruire.

C'est pour cette raison que Jésus disait : « *Aimez vos ennemis.* » Jésus connaissait ces grandes lois, il savait que la haine rend vulnérable. Pour se défendre, il faut entrer dans la forteresse imprenable de l'amour divin. L'amour est la plus grande protection contre les ennemis. Aimer ses ennemis est une des choses les plus difficiles à réaliser, mais c'est la seule arme efficace.

Il est inutile de reprocher au Seigneur de ne pas exaucer vos prières, tant que vous Lui demanderez de venir vous visiter dans l'endroit où vous vous trouvez. Vous ne changez rien dans votre comportement, dans votre façon de penser, et vous vous imaginez que le Seigneur va venir vous tirer de l'enfer où vous vous êtes fourré ! C'est exactement comme si, étant descendu dans une grotte ou une cave, vous suppliiez le soleil de venir vous y éclairer : il ne peut pas ! C'est à vous de sortir de là pour recevoir sa lumière.

Que représente la grotte ou la cave ? Toutes les manifestations inférieures de votre intellect et de votre cœur, toutes les mauvaises habitudes auxquelles vous ne voulez pas renoncer ; c'est pourquoi vous restez dans l'obscurité et dans le froid. Ceux qui refusent d'abandonner leurs vieilles façons de vivre tout en priant le Seigneur de venir les sauver ne seront pas plus exaucés que s'ils priaient le soleil de les éclairer au fond d'une grotte ; et ils perdent leur temps. C'est à eux de se déplacer et d'aller vers le Seigneur en décidant d'améliorer leur attitude.

Quelles que soient les personnes que vous rencontrez, faites l'effort de voir toujours le bon côté chez elles. Bien sûr, vous allez me dire que si on se fait des illusions sur autrui, on risque de tomber dans des pièges et de le payer très cher : le fond de la nature humaine est mauvais, même la religion le dit, alors pourquoi se leurrer ? Eh bien, je vous répondrai que votre raisonnement est incomplet et insuffisant. Vous vous êtes arrêté sur le mal, en oubliant que les humains sont fils et filles de Dieu, qu'ils ont une âme, un esprit. Même si ce n'est pas cette étincelle divine que l'on voit le plus souvent à l'œuvre, elle est là, et quand on lui prépare les conditions favorables, elle est toujours susceptible de se manifester. En tout cas, ce n'est pas en décidant une fois pour toutes que les humains sont mauvais qu'on favorisera les manifestations de leur nature divine.

Le nombre 1 est le premier et le seul nombre. Et alors, que représentent le 2, le 3, le 4 ? Des divisions du 1. Arbitrairement, on divise le 1 en 2, 3, 4, 5, 6… et chaque division est présentée comme un nombre nouveau alors qu'elle n'est qu'un aperçu différent du 1. Qu'est-ce que le 2 ? Le 1 polarisé. Prenez un aimant : il est polarisé, mais il n'est pas divisé, il est un et reste un. Nulle part le 2 n'est séparé du 1. N'importe quel objet, ou même l'être humain, a deux extrémités, deux pôles, mais il est toujours un. Et le 3 ? Eh bien, ce sont les deux pôles qui sont restés liés et qui agissent l'un sur l'autre pour produire un être, une force ou un objet qui est le 3 ; mais le 3 non plus n'est pas séparé du 1. Et le 4, le 5, sont encore de nouveaux aspects du nombre 1 ; individuellement ils n'existent pas, seul existe le 1.

Une relation existe entre les quatre éléments, terre, eau, air et feu, et les différents règnes de la nature. À la terre correspondent les minéraux, à l'eau les végétaux, à l'air les animaux, et au feu les êtres humains. Maintenant, dans la mesure où chacun de ces règnes est hiérarchisé, on peut dire que pour les minéraux ce sont les pierres précieuses qui sont au sommet, pour les végétaux ce sont les fleurs, pour les animaux les oiseaux, et pour les humains les Initiés. Pierres précieuses, fleurs, oiseaux et Initiés représentent en quelque sorte la quintessence des quatre éléments.

Et encore au-delà du feu, dans cette région appelée l'éther, vivent et travaillent les ordres angéliques, toute cette échelle d'êtres qui montent et descendent entre la terre et le ciel, avec Dieu au sommet. C'est cette échelle le long de laquelle des anges montaient et descendaient que Jacob a vue en songe.

Vous jugez du bien et du mal d'après ce qui, au premier coup d'œil, vous arrange ou vous dérange, mais ces réactions instinctives ne vous apporteront pas grand-chose pour votre évolution. Étudiez plus attentivement les forces et les situations que vous avez l'habitude de considérer comme mauvaises et vous vous apercevrez qu'elles ne le sont peut-être pas autant que vous le croyez.

Les idées que les humains se sont forgées au sujet du mal sont des idées à eux, elles ne sont pas universellement valables. La plupart du temps elles leur sont uniquement inspirées par leurs faiblesses et leurs limitations. Quand ils se rapprocheront de la perfection, ils changeront d'opinion. Comme les Initiés qui, au-delà des apparences repoussantes du mal qui font peur aux faibles, savent trouver en lui une force bénéfique ou même un ami.

C'est du milieu d'un buisson ardent que Dieu se manifesta pour la première fois à Moïse ; et dans la plupart des religions la divinité la plus puissante et la plus honorée est celle du feu. Mais ce feu célébré dans les religions et les cosmogonies n'est pas le feu physique que nous connaissons. Ce feu que nous allumons pour nous éclairer ou pour nous chauffer à sa flamme, n'est qu'un aspect du feu universel.

Il existe de multiples sortes de feu : celui qui entretient la vie dans le cœur de l'homme, celui qui sommeille à la base de la colonne vertébrale, celui du soleil, celui de l'Enfer, celui qui est enfoui dans les minéraux, les métaux, le bois, l'eau, l'air, etc. Le feu par lui-même n'est ni lumineux ni chaud, il ne le devient que dans certaines conditions.

Quelle idée les disciples se font-ils généralement de leur Maître ? D'après eux il doit être omniscient, tout-puissant, donc capable de tout supporter sans fatigue ni souffrance. Très peu sont conscients du sacrifice que fait un Maître en acceptant de vivre parmi les humains. Les disciples, eux, gagnent à avoir un Maître qui leur donne l'eau pure, la lumière, grâce auxquelles ils se débarrassent de leurs faiblesses et de leurs imperfections. Mais pour un Maître, pour un saint, pour un Initié, c'est le plus grand sacrifice que d'accepter de s'occuper des humains, car sans arrêt il doit donner quelque chose de lui-même, et ce qu'il donne n'est même pas toujours apprécié. Heureusement, il est lié au Ciel dont il reçoit la vie divine.

Un Initié donne en bas et reçoit d'en haut. Quant aux disciples, ils gagnent sans cesse : ils s'assagissent, s'améliorent, se purifient. Autant de qualités qu'ils acquièrent grâce au sacrifice de leur Maître.

Respirer est synonyme de vivre. Mais la vie ne peut pas se confondre avec le fait de respirer ni avec l'air lui-même ; elle a pour origine un élément beaucoup plus subtil que l'air et pour qui l'air est une nourriture : le feu. Oui, la vie se trouve beaucoup plus haut, dans le feu ; l'air sert seulement à alimenter le feu, car sans la présence de l'air, le feu s'éteint. Les poumons ne font qu'alimenter le feu qui brûle dans le cœur. La cause première de la vie est donc le feu ; et l'air, qui est son frère, l'alimente. Avec le dernier souffle, le feu s'éteint : le dernier soupir éteint le feu.

Puisque c'est l'air qui entretient le feu de la vie, il faut accorder une grande attention au processus de la respiration. Ne vous contentez pas de penser que puisque vous respirez, tout va bien. Non, même s'ils respirent, puisqu'ils sont vivants, chez la majorité des humains ce processus est affaibli, entravé. C'est pourquoi ils ont besoin de s'exercer à travailler avec l'air pour animer, purifier et intensifier la vie en eux.

L'amour est comme l'eau qui coule : toujours nouveau, toujours en mouvement, on ne peut le fixer et on ne le retrouve jamais au même endroit. Il est seulement possible de suivre ses traces en parcourant les lieux qu'il a traversés et qu'il a un moment habités.

Vous rencontrez un homme ou une femme, et pendant les quelques minutes où vous restez en sa présence, son regard, son expression, son sourire remplissent votre cœur d'amour. Une semaine, ou même seulement un jour après, vous rencontrez à nouveau cet homme ou cette femme, et vous êtes étonné de ne plus rien recevoir ni éprouver. C'est que l'amour que vous aviez entrevu alors a voyagé, il n'est plus là. L'amour est une quintessence trop subtile pour être fixée. C'est vous qui devez partir à sa recherche.

La nature, avec les prairies, les forêts, les montagnes, n'est pas seulement un décor dans lequel nous vivons, elle est la demeure d'esprits très évolués qui sont là au service de l'Intelligence cosmique. Alors, essayez de sentir la présence de ces esprits. Si vous pensez à vous lier à eux, à leur parler, à vous émerveiller devant la beauté du travail qu'ils accomplissent, ils se réjouiront, se prendront d'amitié pour vous, vous souriront, vous donneront des cadeaux : la vitalité, la joie, l'inspiration poétique et même la clairvoyance.

Certains penseurs qui ont réfléchi sur la question de la foi disent : un peu de savoir éloigne de Dieu, davantage de savoir ramène à Lui. C'est vrai, mais pour interpréter correctement cette affirmation, il faut comprendre qu'il ne s'agit pas de la même nature de savoir : quelques connaissances de plus en biologie, en chimie ou en astrophysique non seulement ne vous rapprocheront pas de Dieu, mais elles peuvent même contribuer à augmenter vos incertitudes, en vous paraissant contredire certains dogmes de la religion. Le savoir sur lequel se fonde la foi est d'une autre nature. C'est un savoir qui vous concerne, vous. Et par « vous », je veux dire votre être profond dans sa richesse et ses possibilités : votre âme et votre esprit.

Regardez le soleil resplendir dans la pureté du matin, envoyez-lui votre pensée, unissez-vous à lui, et vous sentirez comment ses rayons élèvent peu à peu les vibrations de votre être. Tous les éléments seront exaltés en vous et vous serez projeté dans les régions supérieures où vous goûterez la lumière et la paix. Puis, ces rayons du soleil qui sont vivants, qui sont puissants, riches, imaginez que vous les amassez dans les cellules de votre cerveau, mais surtout dans le plexus solaire qui est comme un réservoir capable de se remplir de particules éthériques. Dans ce réservoir vous pourrez ensuite puiser au fur et à mesure de vos besoins.

L'enseignement que reçoivent les étudiants dans les Académies de musique ou aux Beaux-Arts, est certainement très utile, mais il tend à figer la vie. Les grands musiciens, comme tous les grands artistes, ont toujours obéi à d'autres règles que celles qui leur étaient enseignées, car ils avaient accès à des mondes supérieurs où ils puisaient leur inspiration. Tous les grands créateurs ont été des êtres capables de se projeter dans les régions spirituelles et de transcrire ensuite ce qu'ils avaient vu, entendu. Et c'est cela véritablement l'inspiration : réussir à s'emparer d'une étincelle divine afin d'illuminer l'âme des humains.

Par une belle nuit étoilée un pêcheur ramenait un savant dans sa barque. Le savant contemplait les constellations quand soudain il demanda au pêcheur : « Connais-tu l'astronomie ? – Non, répondit-il. – Alors, tu es bien pauvre, dit le savant, tu as perdu un quart de ta vie. Connais-tu un peu la physique ? – Non, je ne la connais pas. – Alors tu as perdu deux quarts de ta vie. Mais peut-être connais-tu la chimie ? – Absolument pas, je n'en ai jamais entendu parler. – Quelle ignorance ! Tu as perdu les trois quarts de ta vie. » Pendant ce temps le ciel commençait à se couvrir de nuages. Soudain un orage éclate, la mer devient de plus en plus houleuse, la tempête menace… « Savez-vous nager, monsieur le savant ? demande le pêcheur. – Non, je ne sais pas. – Alors vous, vous allez perdre les quatre quarts de votre vie ! »

Pour se diriger sur cet océan qu'est le monde, il y a des connaissances qui sont beaucoup plus utiles que d'autres, indispensables même : celles qui nous aident à « nager », pour sortir sains et saufs des orages et des tempêtes.

L'amour possède des vibrations tellement puissantes qu'elles peuvent même agir sur les pierres. Oui, si vous tenez une pierre dans la main et que vous lui communiquez votre amour, elle s'imprégnera de vibrations nouvelles. C'est ainsi que la Science initiatique explique la puissance des talismans. Vous avez là un objet qui vous est étranger : il ne vibre pas à l'unisson avec vous, et il ne peut donc pas vous faire du bien. Mais si vous essayez de vous le concilier, de changer ses vibrations en lui donnant beaucoup d'amour et de lumière, vous l'entourez de couches fluidiques formées de vos émanations. Cet objet devient alors pour vous un ami qui peut agir favorablement sur vos pensées, vos sentiments et même votre corps physique.

Il existe une Vérité unique, éternelle, absolue. Donc, toutes les croyances, toutes les opinions que les humains tiennent pour des vérités ne peuvent être réellement considérées comme telles que dans la mesure où elles se rapprochent de ce principe universel qui est le cœur de tout. Jusqu'à ce qu'ils atteignent ce cœur, « la » vérité sera seulement leur vérité.

Tout ce qui vous paraît vrai est, bien sûr, une forme de vérité, mais c'est une vérité relative. Vous dites : « D'après moi, les choses sont, ou ne sont pas, telles et telles… » Mais ce qui est d'après vous n'est pas encore la vérité. En disant : « d'après moi », est-ce que vous pensez pouvoir vous identifier à la vérité ? Non, il y a là deux réalités différentes : la vérité et vous. Qui vous dit que votre vérité est la vérité ? Si vous acceptiez d'étudier longtemps pour vérifier, vous seriez obligé de constater que vous avez encore un long chemin à faire pour vous en rapprocher.

Nous avons l'habitude de ne considérer comme vêtements que certains objets dont nous nous couvrons. En réalité, cette question va beaucoup plus loin. Ainsi on peut dire que le corps physique est le vêtement de l'âme et de l'esprit, que les paroles sont les vêtements de la pensée, etc. Les sentiments, les pensées, les forces possèdent un vêtement ; toutes les créatures visibles et invisibles possèdent des vêtements. Une fleur par exemple est un vêtement dans lequel se cache une entité. C'est pourquoi il faut méditer sur les fleurs, sur leurs formes, leurs couleurs, leurs parfums, pour connaître la nature des êtres qui possèdent de tels vêtements. Et non seulement sur les fleurs, mais sur tout ce qui existe dans les différents règnes de la nature : minéral, végétal, animal, humain. Un cristal, un diamant, une pierre précieuse est le vêtement, le corps dans lequel une entité spirituelle s'est incarnée afin de se manifester…

Il ne faut pas s'étonner si les malfaiteurs prolifèrent... La cause en est les ténèbres qui règnent dans les intellects. Et comme les malfaiteurs ont besoin de l'obscurité pour agir, ils profitent de ces conditions favorables. Mais imaginez, par exemple, que les gens développent de plus en plus les facultés de clairvoyance, d'intuition: les pensées qui naîtront dans la tête des malfaiteurs seront immédiatement perçues, détectées. Car les pensées émettent des ondes, et ce sont ces ondes qui avertiront les gens des dangers qui les menacent. Le jour où les criminels seront découverts avant même d'avoir agi, ils devront renoncer à leurs projets.

Aucune loi humaine, aucune police aussi bien organisée soit-elle, n'est assez puissante pour faire disparaître les malfaiteurs. Ceux-ci existeront jusqu'au moment où les humains allumeront leurs lampes intérieures et ouvriront leurs yeux spirituels. Alors, d'eux-mêmes, les malfaiteurs sentiront que leur règne est terminé et ils seront obligés de disparaître ou de se transformer.

Les croyants donnent à leurs églises et à leurs temples une importance excessive. Mais pourquoi se limiter ainsi ? Existe-t-il un temple construit par les humains qui soit comparable au grand temple que Dieu a créé : l'univers ? Peut-il exister un lieu plus sacré qu'un lieu créé par Dieu Lui-même ? Comment s'imaginer qu'un bâtiment, assemblage de matériaux friables, est capable de surpasser l'œuvre de Dieu que personne jamais n'arrivera à détruire ? Il faut respecter ces lieux de prière et de recueillement que sont les temples, mais il faut comprendre aussi que l'on peut adorer Dieu dans son temple : la nature, et particulièrement dans la paix et la limpidité du matin. Là, le soleil qui se lève est l'hostie qui distribue ses bénédictions à toutes les créatures : la lumière, la chaleur et la vie.

Où que vous soyez sur la terre, le soleil brille au-dessus de votre tête. Vous n'avez pas besoin de voyager ou d'aller en pèlerinage pour le rencontrer. Il est le symbole de l'omniprésence de Dieu. Sa lumière, sa chaleur et sa vie valent tous les talismans, toutes les reliques et tous les sacrements.

L'idéal est ce qui compte le plus chez un artiste, parce que c'est toujours l'idéal qui se reflète dans une œuvre. Même dans une œuvre imparfaite, tous ceux qui ont un haut idéal introduisent nécessairement quelque chose de bon et de beau. La perfection d'une œuvre ne témoigne pas d'un haut idéal, elle révèle seulement le travail, le savoir-faire, la technique. Il arrive qu'un artiste présente une œuvre inspirée des régions supérieures, mais mal exécutée ; cela ne fait rien s'il a un haut idéal et qu'il persévère, la technique viendra. C'est ce que n'ont pas compris la majorité des gens qui donnent la première place au talent, sans se préoccuper de savoir comment il sera utilisé et ce qu'il va exprimer. Sans un haut idéal, le talent peut faire le malheur d'un artiste. C'est pourquoi il doit mettre le haut idéal à la première place et le soutenir, l'alimenter, le talent viendra aussi ; tandis que l'artiste qui laisse de côté son idéal, perd tôt ou tard son talent. Toutes les possibilités de création des humains, que ce soit dans les sciences, dans les arts, et même dans la vie quotidienne, dépendent de leur idéal.

12 Septembre

« *Car nous pensons que l'homme est justifié par la foi sans les œuvres de la loi* », écrit saint Paul dans l'*Épître aux Romains*. En réalité, on n'est pas sauvé seulement par la foi, ni seulement par les œuvres, car on ne peut les séparer. Avoir la foi ne sert à rien si on n'agit pas en harmonie avec cette foi. Mais comment peut-on bien agir si on n'a pas d'abord un credo, un idéal ? Les deux sont liés. La véritable religion n'admet pas de bifurcation, de séparation entre ce que l'on croit et la manière dont on agit. L'être humain est une unité, et il ne doit accepter aucune contradiction dans son existence. Bien sûr, on ne peut pas exiger de lui la perfection, mais il n'a aucune excuse de ne pas travailler à mieux agir, afin de vivifier en lui cette image de Dieu d'après laquelle il a été créé.

Certaines langues ont deux mots pour nommer la lumière. En bulgare, par exemple, il y a « svétlina », qui est la lumière physique, celle que nous voyons, et « vidélina », la lumière spirituelle, la lumière primordiale, celle que Dieu a créée au commencement quand Il a dit : *« Que la lumière soit ! »* Et seule cette lumière originelle peut nous révéler le secret de la création, parce que c'est par elle que le monde a été créé.

Ce n'est qu'au quatrième jour, quand Dieu a créé le soleil, la lune et les étoiles, qu'est apparue « svétlina ». « Svétlina » est la manifestation visible de « vidélina ». Le soleil, qui n'est pas en réalité cette boule de feu que les hommes imaginent, mais une entité vivante douée de conscience, reçoit la lumière subtile « vidélina », qu'il transforme en lumière visible « svétlina », grâce à laquelle il éclaire l'univers. « Vidélina » est une quintessence si puissante que celui qui arriverait à en condenser une parcelle infinitésimale en lui-même obtiendrait tous les pouvoirs.

Efforcez-vous de vivre consciemment. Pour cela vous devez vous habituer à jeter souvent un regard en vous-même pour constater dans quel état vous vous trouvez. Cette pratique vous donnera peu à peu la possibilité de commander à toutes vos cellules, et un jour vous sentirez que vous maîtrisez vraiment votre monde psychique.

Dans la vie quotidienne, dès qu'il y a un accident, on voit comment les pompiers, les militaires, les gendarmes sortent tout de suite pour éteindre les incendies, réparer les ponts, dégager les routes, etc. Dans le plan physique, on trouve naturel d'intervenir immédiatement. Mais dans le plan intérieur, on ne sait pas comment agir et non seulement on laisse se produire toutes sortes de dégâts, mais on ne fait rien pour les réparer. Eh bien, chaque jour, c'est trois fois, dix fois, vingt fois qu'il faut regarder en soi-même pour voir ce qu'il y a à réparer, et ne pas attendre pour le faire. Si vous laissez tout aller en pensant que les choses s'arrangeront d'elles-mêmes, vous attendrez longtemps… Et peut-être même ne s'arrangeront-elles jamais.

Pour apprendre un métier, le plus modeste soit-il, tonnelier ou barbier, on va chez celui qui exerce ce métier pour voir comment il fait des tonneaux ou coupe la barbe… Mais pour apprendre comment devenir immortel et vivre la vie éternelle, c'est aux morts qu'on va le demander, sous prétexte que ces morts ont écrit quelques livres. Celui qui est vivant, personne ne lui demande rien ! Voilà l'intelligence des humains : c'est dans les livres des morts qu'ils vont apprendre la vie, au lieu d'aller auprès de celui qui est vraiment vivant : le soleil ! Le soleil, ils s'en servent seulement pour s'éclairer, pour se chauffer… ou pour bronzer ! Seigneur, jusqu'où les humains sont descendus ! Quand apprendront-ils à ne plus voir le soleil uniquement sous son aspect physique, mais comme une puissance spirituelle capable de les illuminer et de leur donner la vie éternelle ?

Les adolescents qui lisent des romans s'arrêtent aux passages où il est question d'amour et d'aventures. Si ces romans traitent de questions sociales, politiques, philosophiques, ils les parcourent rapidement. Mais les années passent, ils exercent un métier, ils se marient, ils ont des enfants, ils vivent diverses expériences, et si les mêmes romans leur retombent entre les mains, ce qui les avait impressionnés autrefois, ne les intéresse plus. En revanche, ils s'arrêtent sur les passages qu'ils avaient laissés de côté, car tout ce qu'ils ont vécu depuis a ouvert leur esprit à de nouveaux sujets.

De même l'enseignement des Initiés n'est apprécié que par ceux que l'existence a mûris. Tous ceux qui n'ont pas fait certaines expériences, qui ne se sont pas posé certaines questions, le trouveront inintéressant et même rébarbatif : ils sont encore très jeunes ! Mais quand la vie les amènera à se poser les questions essentielles, ils sentiront tout un nouveau monde s'ouvrir devant eux.

Rares sont les hommes et les femmes qui savent aimer. C'est pourquoi, même lorsqu'ils pensent avoir trouvé ce qu'ils appellent le grand amour, ils sont malheureux. Car l'amour ne consiste pas à concentrer toute son attention sur un homme ou une femme ; en se limitant ainsi, on s'appauvrit. Pour aimer véritablement, vous devez être capable de faire entrer dans votre amour pour un être l'amour pour l'univers entier, pour toutes les créatures, pour toute la création, des pierres jusqu'aux étoiles, c'est ainsi que vous déversez des trésors dans son âme. Dire à un homme ou une femme : « Je n'aime que toi » n'est pas tellement avantageux pour lui ; au contraire, c'est le plus sûr moyen de l'appauvrir. Car vous ne pouvez rien lui apporter avec votre amour, si votre cœur n'est pas déjà plein de l'amour que vous éprouvez pour d'autres créatures.

Dans sa partie supérieure notre organisme est prédestiné à des activités nobles : voir, entendre, respirer, penser, parler, tandis que sa partie inférieure digère, élimine, évacue, fonctions considérées comme plus triviales. Mais ces activités, les unes nobles, les autres triviales, ont lieu chez le même individu, et s'il veut nier les secondes sous prétexte qu'elles ne sont ni spirituelles ni esthétiques, il mourra. On ne peut pas séparer le haut du bas. Les facultés supérieures puisent des énergies dans les fonctions inférieures : celles-ci sont comme les racines de l'arbre. Grâce à elles, l'homme arrive à puiser les éléments qu'il transformera et distribuera ensuite sous forme de feuilles, de fleurs et de fruits, c'est-à-dire de pensées, de sentiments et d'actions.

Des ondes en nombre infini parcourent l'espace, et la science a mis au point des appareils perfectionnés qui captent certaines d'entre elles. Mais il en existe d'autres, plus subtiles encore, que nous pouvons apprendre à recevoir car nous en avons les moyens : le Créateur a placé en nous des centres psychiques qui nous permettent de recevoir les ondes projetées à travers l'espace par les entités du monde spirituel. Ces centres sont en particulier l'aura et les chakras ; et comme pour les émissions diffusées par des stations de radio, si nous voulons capter ces ondes, nous devons régler correctement nos récepteurs sur les fréquences correspondantes. « Comment pouvons-nous faire ce réglage ? » demanderez-vous. En travaillant sur la pureté, car une fois le terrain déblayé, la voie est libre et les courants célestes ne rencontrent plus d'obstacles pour arriver jusqu'à nous.

Même les spécialistes de la nutrition n'insistent pas suffisamment sur la nécessité de mâcher la nourriture. La bouche est comme une petite cuisine et, avant de donner la nourriture à l'estomac, il faut la préparer un peu dans cette cuisine, la faire cuire, l'assaisonner avec un peu d'huile, c'est-à-dire de salive, et ce sont certaines glandes qui s'occupent de ce travail. Il est donc conseillé de mastiquer les aliments jusqu'à ce qu'ils deviennent presque liquides. Si on les avale sans les mâcher suffisamment, l'estomac qui les reçoit pour les transformer doit fournir un surcroît d'énergie.

Manger doit nous revigorer. Alors, pourquoi certaines personnes se sentent-elles fatiguées après le repas ? Parce qu'elles mangent mal. Quand on avale la nourriture sans l'avoir bien mâchée, elle est difficile à digérer et comme l'organisme a beaucoup de peine à l'assimiler, la fatigue s'ensuit.

La vérité est généralement assimilée au bien, et même à la forme la plus élevée du bien ; par conséquent, d'après certains penseurs, le mal n'appartiendrait pas au domaine de la vérité. Mais c'est là encore une question qui n'a pas été suffisamment approfondie.

La vérité est comparable à une médaille dont on peut dire que le bien est une face, et le mal une autre. Évidemment, il faut que le bien triomphe ; seulement on ne doit pas s'imaginer qu'on le fera triompher en cherchant à éliminer le mal. La vérité n'est pas dans le mal, bien sûr, mais elle n'est pas non plus uniquement dans le bien : elle est le bien et le mal à la fois, ou plutôt elle est dans un principe supérieur au bien et au mal qui sait travailler avec les deux. Et si l'on ne va pas plus loin pour voir quel est ce principe supérieur qui les dirige, on ne comprendra jamais leurs échanges, leurs combats et leurs jeux.

Pour avoir une juste vision des choses, il faut chercher à savoir comment l'Intelligence cosmique les voit et les comprend, et on ne le saura qu'en observant la nature. C'est ce que font les Initiés : quand la nature dit oui à une idée, ils l'acceptent comme juste. Si elle dit non, ils la rejettent. Et vous aussi, apprenez à faire des vérifications dans le grand livre de la création, c'est-à-dire à trouver, par le moyen de l'analogie, la confirmation de ce que vous pensez dans tous les règnes de la nature : minéral, végétal, animal, humain, et jusque dans les étoiles. Si la nature confirme votre point de vue, un jour ou l'autre le monde entier sera obligé de l'accepter. Oui, parce que la nature est derrière pour vous appuyer. Mais si la nature n'est pas d'accord, même si pour le moment le monde entier applaudit à vos théories, au bout de quelque temps elles vont s'effondrer, puisque la nature ne les confirme pas.

Même si la réalité est faite d'une infinité d'éléments disparates, la raison d'être de tous ces éléments est de participer à une même construction, d'entrer dans le même projet cosmique. C'est pourquoi, celui qui se contente d'accumuler des connaissances sur toutes sortes de sujets, même s'il est fier de posséder « un bon bagage intellectuel », comme on dit, ce n'est pas cela qui lui permettra d'évoluer et de contribuer à l'évolution de toute l'humanité. Ce besoin qu'ont les humains de s'éparpiller est un piège. Tandis que s'ils acceptent de suivre l'enseignement des Initiés, même avec très peu de connaissances, ils iront très loin. Du moment qu'ils conserveront toujours dans leur tête cette idée de l'édifice à construire : l'édifice intérieur et l'édifice collectif, cette idée les vivifiera, les éclairera, les ressuscitera.

Maintenant, bien sûr, s'il y a des êtres capables de ne jamais perdre la bonne orientation tout en devenant des puits de science, alors, qu'ils y aillent ! Mais s'il perdent de vue leur mission : la construction de l'édifice, quelles que soient la considération et l'estime des humains, le Ciel, lui, verra seulement qu'ils ont encombré leur cœur et leur intellect d'une quantité d'objets inutiles.

Les mots vie et mort semblent s'opposer, mais en réalité c'est sur ces deux mots que repose toute la création. La vie ne peut se comprendre sans la mort, ni la mort sans la vie, elles marchent ensemble, inextricablement liées l'une à l'autre. Dès que la vie apparaît, elle est immédiatement menacée par la mort. Mais la mort elle-même n'a jamais le dernier mot : dès qu'elle a accompli son œuvre, la vie reprend le dessus, mais sous une autre forme. Pris isolément, les mots vie et mort n'ont donc pas véritablement de sens. C'est la vie qui donne son sens à la mort et la mort qui donne son sens à la vie. C'est pourquoi nous ne comprendrons réellement la vie que lorsque nous passerons un jour par les portes de la mort, qui nous donneront accès à une forme de vie nouvelle.

Le soleil est le centre du système solaire et toutes les planètes gravitent autour de lui en un mouvement harmonieux. C'est ce mouvement harmonieux des planètes autour du soleil que nous devons reproduire en nous, afin que toutes les particules de notre être entrent dans le rythme de la vie universelle. En contemplant chaque matin le lever du soleil avec le désir d'y puiser des énergies, de pénétrer en lui, mais aussi de le retrouver en nous-mêmes, nous quittons la périphérie de notre être où règne le désordre, pour retourner vers le centre dans la paix, la liberté et la lumière. C'est ainsi que nous devenons capables de rétablir en nous un système identique avec son propre soleil au centre : notre esprit, qui vient s'installer et prendre le commandement.

Pour trouver des solutions aux questions qui se posent quotidiennement à nous, aussi bien dans notre vie psychique que dans la vie matérielle, nous devons travailler à devenir intérieurement un système organisé, c'est-à-dire installer le soleil en nous, et que tout gravite autour de ce centre de lumière et de chaleur.

Les êtres et les choses possèdent une nature et une existence propre, mais suivant la façon dont vous les considérez, vous leur ajoutez ou leur retranchez certains éléments, ce qui n'est pas sans conséquence pour vous. Pour eux aussi, bien sûr, mais surtout pour vous. Si, au premier abord, vous commencez par trouver qu'un travail qu'on vous demande est inutile ou ennuyeux, qu'une personne est stupide ou méchante, qu'un traitement médical ne peut vous faire aucun bien, quels que soient ce travail, cette personne ou ce traitement, les résultats pour vous seront évidemment négatifs. Mais essayez d'en voir le bon côté, ce qu'ils ont certainement, et les résultats seront tout à fait différents. Par votre opinion sur les êtres et les choses, vous introduisez en eux un élément qui vous appartient et qui est susceptible de les transformer, au moins pour vous d'abord. Le jour où vous prendrez conscience de cette vérité, vous serez capable d'ajouter des éléments bénéfiques à toutes vos activités, et c'est ainsi que vous deviendrez véritablement créateur.

Il m'arrive, bien sûr, de vous dire « croyez-moi », mais cela ne signifie pas que je vous demande une foi aveugle. Je vous demande seulement de prendre au sérieux ce que je vous explique, de le méditer, de le mettre à l'épreuve, de le vérifier. Car si vous le vérifiez, je suis absolument sûr que vous me croirez. Tandis que si vous me croyez comme ça, à la légère, sans vérifier, n'importe qui ou n'importe quoi pourra un jour ou l'autre vous faire fléchir. Contrairement à ce que pensent la plupart des gens, la foi n'est pas une simple adhésion aveugle et sans fondement ; et c'est parce qu'ils ne l'ont pas compris qu'ils sont toujours habités par l'incertitude. La foi, comme la science, est fondée sur des vérifications, sur une expérience, sur la lucidité.

On ne peut pas se faire une idée de la Fraternité Blanche Universelle d'après l'association qui sur la terre porte ce nom : une poignée d'hommes et de femmes dont on ne peut pas dire qu'ils soient toujours tellement sages et éclairés.

La véritable Fraternité Blanche Universelle est une puissance qui s'étend sur tout le système planétaire et même au-delà. La véritable Fraternité Blanche Universelle est en haut et elle comprend tous les esprits les plus évolués ; ici, nous ne sommes qu'un reflet, une « succursale » si vous voulez, pour réaliser les projets de ces êtres et bénéficier de leur lumière, de leur soutien. Mais la Fraternité Blanche Universelle qui est en bas doit devenir le reflet de celle qui est en haut. Pour cela, il faut que ceux qui suivent son enseignement soient de plus en plus conscients du privilège qu'ils ont de faire partie de cette immensité, et qu'ils sachent s'en montrer dignes en ne cessant de travailler avec désintéressement pour le bien du monde entier.

Vous êtes dans votre chambre, et entre ces quatre murs vous êtes physiquement isolé, à l'écart du monde entier. Mais par la pensée habituez-vous à franchir les limites de cette pièce pour vous étendre dans un espace de plus en plus vaste : votre maison, votre ville dont votre maison fait partie. Puis, prenez conscience que votre ville fait partie d'une région, cette région d'un pays, ce pays d'un continent, ce continent de la terre. Et la terre, elle, fait partie des planètes du système solaire. Le système solaire à son tour fait partie d'une galaxie, et cette galaxie est une petite partie du cosmos… Alors, c'est prodigieux, vous qui êtes seul dans votre chambre, vous êtes en même temps dans le cosmos ! Puisque vous êtes un être cosmique, pourquoi vous limiter éternellement, pourquoi ne pas ouvrir les yeux et vous dire que vous avez à faire des travaux cosmiques ? Il suffit pour cela de changer votre façon de penser, d'avoir conscience que, vivant dans l'univers, vous êtes lié à lui.

Pensez à méditer sur le mystère du feu.

Vous allumez un feu : une flamme jaillit qui donne de la lumière. Feu et flamme sont presque confondus. Mais quand on dit feu, on sous-entend la cause dont la flamme est déjà une conséquence. Il n'y a pas de lumière sans feu, mais ce qu'est le feu lui-même, on ne le sait pas. On ne peut le connaître qu'à travers ses deux manifestions : la chaleur et la lumière.

La Sainte Trinité est une des représentations symboliques de ce grand mystère du feu. Le feu, c'est le Père. Et du Père procèdent le Fils ou le Christ qui est la lumière, la sagesse, et l'Esprit-Saint qui est la chaleur, l'amour.

Il y a toujours quelque chose de nouveau à apprendre, toujours des efforts à faire ; c'est à cette condition qu'on reste jeune et vivant.

À notre époque, malgré les immenses progrès de la médecine, des maladies que l'on ignorait autrefois apparaissent dans les pays industrialisés et prospères. Pourquoi ? Et pourquoi tant de personnes souffrent de dépression, d'angoisses et de troubles nerveux ?… Parce que, même s'ils travaillent, les humains ont toujours pour idéal une vie de confort, de facilité et de plaisirs. Mais voilà que dans la nature, le programme d'une vie facile n'est inscrit nulle part. Le confort, la facilité, la recherche des plaisirs introduisent en l'homme les germes de la maladie et anéantissent la vie elle-même : les cellules deviennent paresseuses, elles n'éliminent plus les impuretés, elles se laissent empoisonner et l'organisme perd ses capacités de résistance. Méfiez-vous de la facilité, du confort et des plaisirs, chassez de votre tête cet idéal qui est en réalité porteur de mort.

2 *Octobre*

Plus de six milliards d'êtres humains peuplent la terre, mais parmi eux, combien y en a-t-il qui souhaitent vraiment la paix et le bonheur de l'humanité ? Tellement peu ! Et leurs voix qui s'élèvent sont vite étouffées par le brouhaha de tous ceux qui, consciemment ou inconsciemment, ne veulent que dominer les autres, s'emparer de leurs territoires et de leurs richesses. C'est pourquoi, lorsque les entités célestes constatent combien peu sont capables de voter en faveur de la paix et du bien-être de tous, elles sont obligées de laisser l'humanité à son triste sort.

À leur insu les humains participent, pour le bien ou pour le mal, à une entreprise collective. Si les voix généreuses, les voix lumineuses deviennent plus nombreuses – ou même si, sans être plus nombreuses, elles deviennent plus puissantes, plus convaincantes – la décision sera prise en faveur du Royaume de Dieu, de l'Âge d'Or. Mais il faut que les humains eux-mêmes fassent pencher la balance dans ce sens, car les esprits d'en haut n'interviennent pas, ils se contentent, si l'on peut dire, d'enregistrer les votes.

Notre vie intérieure repose sur deux piliers, l'amour et la foi, et nous devons donc travailler avec ces deux piliers. Il y a des scientifiques qui veulent anéantir la foi en disant : « Nous vous libérerons de toutes les superstitions. » Quant à l'amour, les philosophes le méprisent : ils voient dans ses différentes manifestations (la bonté, la douceur, l'humilité) des formes de faiblesse intellectuelle ; d'après eux, seul l'intellect permet la connaissance.

Eh bien, voilà tous les affrontements en perspective ! Je ne suis l'ennemi ni de la science, ni de la philosophie. Je constate seulement que les deux piliers du temple intérieur des humains ont été fortement ébranlés, et si on ne fait rien pour les consolider, c'est l'édifice entier qui va s'écrouler. Quand il n'y a plus ni foi ni amour, comment peut-on parler d'espérance ?

4 Octobre

D.S.

Porter sur soi des objets symboliques, comme des bijoux ou des talismans, peut être utile et bénéfique pour vous, mais seulement si vous remplissez certaines conditions. D'abord, veillez à ne porter que des symboles dont vous connaissez la signification. Chaque symbole est en quelque sorte un signe de reconnaissance pour les esprits de la nature, et si les humains ne savent pas ce que signifient ces signes, les esprits, eux, le savent très bien. Alors, attention ! Les symboles sont toujours liés à des entités, et tous ceux qui s'en servent touchent ces entités et font avec elles des contrats qui peuvent coûter très cher. Ensuite, sachez que les esprits du monde invisible n'aiment pas être traités à la légère. Ils acceptent d'être dérangés, ils aiment même qu'on ait recours à eux, mais si vous voulez les utiliser pour satisfaire des intérêts égoïstes, vous deviendrez un jour leur victime. Vous ne pouvez demander sans danger l'aide des esprits invisibles qu'à la condition de les mettre, comme vous, au service de la Cause divine.

Pour celui qui est capable d'en comprendre réellement la nature, le sacrifice est la forme la plus haute de la religion. Oui, le véritable sacrifice n'est pas une privation, ce n'est pas le renoncement à des satisfactions matérielles ou morales au profit de quelqu'un d'autre. Le sacrifice, c'est accepter de mourir pour vivre, pour être vivant d'une autre vie, de la vie de Dieu. Vous voulez disparaître en tant que moi inférieur, mais non seulement vous ne disparaissez pas, mais c'est là que vous devenez réellement vivant. Le sacrifice est donc un acte d'héroïsme puisqu'il est une sorte de confrontation avec la mort. Le véritable héros est celui qui n'a pas peur de disparaître en tant que moi obscur, faible, limité, pour être remplacé par la lumière, la puissance et l'immensité de Dieu. C'est en ce sens que le sacrifice est la forme la plus haute de la religion.

L'unité… Voilà un sujet sur lequel il est essentiel de méditer. Chaque jour, efforcez-vous d'unifier et d'orienter vos énergies vers un seul but, le plus élevé possible, et de maintenir cette orientation. Que ceux qui sont déficients physiquement travaillent sur l'unité pour retrouver la santé. Que ceux qui cherchent l'amour ou la sagesse travaillent à introduire l'unité dans leur cœur ou dans leur intellect, etc.

On retrouve ici le même phénomène que pour une centrale électrique : grâce à une centrale, on peut alimenter toute une région en électricité, et dans chaque maison, il suffit de brancher seulement une prise, et tout, les lampes, les radiateurs, la cuisinière, le réfrigérateur, la machine à laver, l'aspirateur, la radio, la télévision, le magnétophone, etc., se mettent à fonctionner. Il en est de même quand vous arrivez à créer l'unité en vous : tous les organes reçoivent le courant, et le cœur commence à aimer, le cerveau à penser, la volonté à agir.

C'est parce que des rayons de lumière tombent sur un objet qu'il devient visible. Sans cette lumière, on ne voit rien. Cela prouve que s'il existe pour nous un « monde invisible », c'est seulement parce que nous ne sommes pas capables de projeter sur lui les rayons qui nous permettraient de voir les objets et les entités dont il est peuplé. Et justement, si les Initiés sont capables de voir tellement de choses que les autres ne voient pas, c'est qu'ils savent, eux, projeter ces rayons. C'est pourquoi ils insistent tellement sur le travail à faire sur la lumière et avec la lumière, afin que nous aussi nous apprenions à projeter ces rayons qui, seuls, nous permettront de voir les réalités subtiles du monde spirituel.

Des nouveautés, voilà ce qu'il faut présenter aux humains pour maintenir leur attention et leur intérêt en éveil ! Mais voilà que pour construire leur vie intérieure, ils doivent au contraire s'habituer à revenir toujours sur les mêmes sujets. Oui, les mêmes sujets, mais en les étudiant sous différents aspects : le matin, le soir, avant et après les repas, pendant la nuit, quand ils sont seuls, ou en relation avec d'autres personnes. Ils découvriront alors que ces sujets prennent des aspects différents, qu'ils respirent, se transforment.

Regardez un jardin au printemps, en été… puis en automne et en hiver : c'est toujours le même jardin, mais quelles différences ! Pour la spiritualité, il faut aussi revenir sans cesse sur les mêmes sujets et les observer sous tous les angles. C'est de là que viendra pour vous la nouveauté.

Seule la connaissance de la structure psychique de l'homme peut éclairer la question de la vérité. Cette structure repose sur trois facteurs fondamentaux : l'intellect qui lui permet de penser, le cœur qui lui permet d'éprouver des sentiments, et la volonté, stimulée par l'intellect et le cœur, qui lui permet d'agir… L'intellect a pour idéal de manifester la sagesse, le cœur de manifester l'amour, et la volonté qui en découle de manifester la vérité. Cela signifie qu'autant les pensées de notre intellect tendent vers la sagesse, et les sentiments de notre cœur vers l'amour, autant nous sommes dans la vérité. Oui, voilà le secret de la vérité, il est simple. On a donné de la vérité toutes sortes de définitions qui n'ont réussi qu'à embrouiller la question. En réalité il est impossible de dire ce qu'elle est, car elle n'existe pas en tant que telle. Seuls existent l'amour et la sagesse, et c'est l'union de l'amour et de la sagesse qui donne naissance à la vérité.

Lorsque Jésus disait : *« Mon Père travaille, et moi aussi je travaille avec Lui »,* que voulait-il nous faire comprendre ? Vous êtes-vous posé la question ?…. Eh bien, tout simplement il nous demandait, à nous aussi, de nous mettre au travail. Mais au lieu de cela, les humains laissent Jésus travailler avec son Père, et eux s'occupent de leurs poules et de leurs cochons. « Mais, direz-vous, il y a une telle distance entre Jésus et nous ! Jésus est le fils de Dieu, il est parfait, alors que nous !… C'est de l'orgueil de s'imaginer que l'on peut faire le même travail que lui. » Bon, pensez ce que vous voulez, mais sachez que Jésus, lui, pensait différemment puisqu'il disait aussi : *« Soyez parfaits comme votre Père céleste est parfait. »* Ou encore : *« Celui qui accomplit mes commandements fera les œuvres que je fais, et il en fera même de plus grandes. »* C'est pourquoi, moi je vous dis que les chrétiens sont des paresseux. Ils veulent faire croire que c'est par humilité qu'ils ne s'engagent pas dans la seule activité qui vaille vraiment la peine : participer au travail de Dieu. Non, ce n'est pas de l'humilité, mais de la paresse !

Devant la profondeur de certains ouvrages philosophiques, initiatiques, mystiques, devant la beauté de certaines œuvres d'art, on se rend compte que leurs auteurs ont contemplé très loin, très haut, une réalité qui échappe à la conscience ordinaire. Pour avoir accès à cette réalité, ils ont dû traverser non seulement les couches opaques de la matière physique, mais aussi les couches brumeuses de la matière psychique. Et tant que nous ne prendrons pas la décision de les suivre sur ce chemin, ce que nous croyons être la réalité n'en sera qu'une apparence, un reflet déformé, ou au mieux une enveloppe, un voile qui la cache à notre vue.

Parvenir à soulever un voile, à ôter un voile, est le but de l'Initiation. C'est là le sens de l'expression « soulever le voile d'Isis » qui nous a été transmise par la tradition.

Un Maître spirituel respecte les lois de la destinée. C'est pourquoi, même s'il a le pouvoir d'intervenir dans la vie de ses disciples, en général il ne le fait pas.

Tous les êtres humains ont des dettes karmiques à payer ; ils peuvent les payer plus ou moins vite, mais ils doivent les payer ; personne n'échappe à cette loi. Pour évoluer, il est parfois préférable de payer plus vite certaines dettes, et c'est dans ce cas-là seulement qu'un Maître accepte d'intervenir dans la vie de ses disciples, afin de les dégager de circonstances qui emprisonnent comme une gangue les grands élans de vérité, de sagesse et d'amour qui sont en eux. Mais il ne le fait que pour les disciples qui cherchent sincèrement la lumière, pour ceux qui le méritent vraiment, sinon cela ne serait même pas utile. Avec un cœur froid et un intellect obscurci, même auprès d'un Maître, l'homme ne change pas.

Vous avez des opinions, des points de vue, et c'est normal. Mais est-ce que vous vous demandez de temps en temps ce qui vous fait accepter ou rejeter telle opinion ou tel point de vue ? Tâchez de voir quelles sont les tendances en vous qui vous empêchent de vous prononcer impartialement, et ne vous montrez pas toujours si sûr d'être dans le vrai. Tant que vous ne vous déciderez pas à vous analyser afin d'améliorer votre comportement, vous continuerez à vous affronter avec les autres sur toutes sortes de sujets qui n'en valent pas la peine. Il faut que vous preniez conscience de ces tendances inférieures qui obscurcissent votre regard intérieur et vous maintiennent dans des idées et des opinions erronées, car cela vous empêche de retrouver cette unité originelle où tous les êtres peuvent enfin s'entendre et se comprendre.

Pour résoudre les problèmes qui dressent les humains les uns contre les autres, il n'y a pas de meilleure méthode que celle de l'amour. Malheureusement peu de gens pensent à utiliser cette méthode, et surtout ils ne croient pas à son pouvoir : la force, la violence même, leur paraissent plus efficaces. Pourtant, ils seront obligés de reconnaître un jour que l'amour est l'arme la plus redoutable devant laquelle tout le monde est obligé de capituler. Devant le véritable amour, l'ennemi n'a aucune possibilité d'échapper : à un moment ou à un autre, il est vaincu.

Alors, armez-vous des armes de l'amour, vous verrez que personne ne pourra vous résister, et on ne pourra jamais retenir contre vous le fait que vous ayez voulu utiliser ces armes-là. Si vous trouvez qu'elles ne sont pas assez efficaces, c'est en réalité que votre amour n'est pas assez puissant. Renforcez-le, augmentez-le et vous verrez, tous seront obligés de se rendre.

Un jour, un jeune garçon arriva devant la grotte d'un vieil ermite et lui demanda de lui enseigner comment trouver Dieu. L'ermite accepta, mais à toutes les questions que lui posait le garçon il ne donnait que quelques brèves réponses et des exercices très simples qui ne le satisfaisaient pas. Or, un après-midi qu'il faisait chaud et qu'ils marchaient au bord d'une rivière, « Arrêtons-nous pour boire », dit l'ermite, et quand ils se furent allongés pour prendre de l'eau dans leurs mains, soudain, il saisit la tête du garçon, la plongea sous l'eau où il la maintint pendant quelques secondes, puis la relâcha. Reprenant son souffle, le garçon, stupéfait, regarda l'ermite qui lui demanda : « À quoi as-tu pensé pendant que tu avais la tête sous l'eau ? – À l'air. Je voulais respirer. – Très bien. Alors, sache que si tu veux trouver Dieu, c'est de cette façon que tu dois penser à Lui. »

Et moi, je vous le dis à vous aussi : quand vous priez, pensez à Dieu de tout votre cœur, de toute votre âme, et à rien d'autre, comme celui qui, la tête sous l'eau, ne désire qu'une seule chose : respirer.

Bien que le plan mental (l'intellect, les pensées) lui soit supérieur et qu'il ait le pouvoir de s'imposer à lui, c'est le plan astral (le cœur, les sentiments) qui dicte le plus souvent le comportement des humains. Regardez comment les gens mettent leur intelligence au service de leurs désirs, de leurs passions, de leurs convoitises : les connaissances, les techniques, la richesse culturelle qu'ils possèdent ne leur servent souvent qu'à satisfaire tout ce qu'il y a de plus ténébreux en eux-mêmes.

Quand il mettra son cœur au service de l'intellect et, mieux encore, quand il mettra son intellect au service de l'esprit et de l'âme, l'être humain sera sur la voie de la perfection. Car c'est cela la perfection : soumettre en nous les corps physique, astral et mental*, cette trinité inférieure qui pense, sent et agit pour satisfaire nos seuls intérêts, afin qu'elle obéisse à la trinité supérieure qui pense, sent et agit aussi, mais pour satisfaire en nous le principe divin.

* Voir note et schéma, p. 372 et 373.

Qu'ils soient musiciens, poètes, peintres, etc., la plupart des artistes contemporains se sont arrêtés sur des conceptions de l'art auxquelles la majorité des gens ne comprend rien. Mais s'ils gardent pour eux seuls le sens de leurs œuvres – et encore, il n'est même pas sûr qu'ils le connaissent ! – le public ne pourra jamais les utiliser pour affiner sa sensibilité et sa compréhension.

Les artistes sont doués de facultés de perception qui les mettent en relation avec un monde différent du monde ordinaire ; les réalités avec lesquelles ils entrent en contact ne sont pas celles que n'importe qui peut capter dans sa vie quotidienne, c'est entendu. Mais pour traduire leurs découvertes, les artistes doivent s'efforcer d'utiliser un langage accessible à tous… du moins à tous ceux qui souhaitent comprendre et être éclairés. Sinon, quelle est l'utilité de leurs œuvres ?… Bien sûr, chacun a le droit d'écrire un poème ou de peindre un tableau seulement pour lui-même, mais alors qu'il le garde pour lui. Ça ne rime à rien de s'adresser au public dans un langage qu'il se plaindra de ne pas comprendre… ou que certains feront semblant de comprendre afin de passer pour plus éclairés que la foule.

Les humains croient posséder un pouvoir formidable sur eux-mêmes : ils feront n'importe quelle bêtise, mais cela n'aura aucune conséquence, il leur suffira d'un effort de la volonté pour vivre tranquilles. Les pauvres, ils auront vite fait de mesurer l'étendue de leur pouvoir ! S'ils ont mal agi, quoi qu'ils fassent, quelque chose en eux va de plus en plus s'obscurcir et s'effriter.

Pour avancer dans la vie avec assurance et vous sentir en sécurité, vous devez soumettre vos pensées, vos sentiments et vos actes aux lois de la droiture, de l'intégrité, du désintéressement. Dès qu'une de ces lois est transgressée, vous perdez vos pouvoirs. Ils ne reviennent que si vous réparez vos erreurs et reprenez la bonne direction. Ce qui différencie les vrais spiritualistes des hommes ordinaires, c'est qu'ils prennent rapidement conscience de leurs erreurs et s'empressent de les réparer. Voilà où est leur pouvoir : dans le fait de reconnaître qu'ils se sont trompés et de chercher à réparer.

Pour découvrir la vérité sur les êtres, il faut les étudier en les replaçant dans la durée. Si on raisonne sur une courte période de temps, une vie humaine par exemple, on ne comprendra pas grand-chose aux événements qui s'y produisent, car cette vie n'est qu'un maillon d'une longue chaîne. Pour comprendre ce qu'un être vit dans une de ses incarnations, il ne faut pas considérer cette incarnation isolément mais dans la continuité, en la reliant à toutes les incarnations passées depuis des siècles et des millénaires, et en même temps savoir que cette existence se poursuivra dans le futur. On se trompe toujours sur la signification à donner au présent si on ne le replace pas dans cette continuité qui va du passé au futur, car rien ne se produit par hasard et sans cause.

L'existence est un long voyage, un long parcours semé d'embûches, et si vous voulez arriver à bon port, vous devez comprendre combien il est important d'être guidé par les grands Esprits qui vivent ou qui ont vécu sur la terre. Ces êtres qui ont fait tellement plus d'expériences que nous, qui ont su résoudre de nombreux problèmes de la vie intérieure, sont comme des livres vivants qui nous communiquent les connaissances qu'ils possèdent. Nous vivons, nous agissons, et grâce à eux quelque chose d'autre vient se joindre à nos propres expériences, quelque chose de supérieur, de plus riche que nous, et qui nous aide.

Par l'intellect nous pouvons connaître le monde physique et un peu quelque chose du monde psychique, mais pas plus. L'intellect est en fait une faculté très réduite qui ne nous permet pas de connaître toute la vérité. Prenez une rose, par exemple : la vérité de la rose, ce n'est pas seulement sa forme, sa couleur, son parfum, mais une émanation, une existence, une âme qu'on ne peut pas saisir par l'intellect ; pour la connaître, il faut pénétrer tout cet ensemble d'éléments qui fait qu'elle est une rose, et donc saisir sa quintessence.

Et il en est de même pour l'être humain : la vérité sur lui englobe tout ce qui le concerne, non seulement son corps physique, mais ses pensées, ses sentiments, ses désirs, ses aspirations les plus élevées… Tant que vous ne les connaissez pas, vous ne savez pas la vérité sur lui. Vous connaissez l'apparence, mais pas la vérité. La vérité est une synthèse qui ne peut être connue que par l'esprit.

Nous ne connaissons vraiment que ce que nous avons vécu, et ce savoir reste en nous pour l'éternité. Oui, les seules choses qui ne s'effaceront pas, et que nous pouvons même emporter avec nous dans l'autre monde, ce sont les connaissances que nous avons vérifiées nous-même par notre propre vie, et qui sont devenues pour nous chair et os. C'est pourquoi les Initiés tâchent de choisir l'essentiel afin de le vivre. Ils rejettent tout le reste, en sachant que même s'ils ne le rejettent pas consciemment et volontairement, ils seront de toute façon obligés de l'abandonner le jour où ils quitteront la terre. Alors, vous aussi, vous devez comprendre l'utilité de vivre votre savoir, de le goûter, de le pratiquer, jusqu'à sentir qu'il fait partie de vous. À ce moment-là, non seulement personne ne pourra plus vous enlever ce savoir, mais encore quand vous reviendrez sur la terre, vous le rapporterez avec vous.

À la différence des autres instruments de musique, les cordes vocales ne sont pas un instrument extérieur à nous. Tout ce que nous vivons, tous les sentiments et les pensées que nous nourrissons dans notre cœur et dans notre tête ont des répercussions sur notre voix. C'est pourquoi la voix humaine n'a pas encore donné toute sa richesse ni manifesté tous ses pouvoirs. Cette question de la voix ne concerne pas uniquement les chanteurs, car les mots parlés autant que les mots chantés exercent une influence sur ceux qui écoutent. La voix est une expression de ce que nous sommes (combien de personnes sont reconnaissables uniquement à leur voix !) et puisqu'elle est notre principal moyen de communication avec les autres, nous devons savoir que par notre façon de vivre, nous pouvons faire d'elle aussi un instrument de lumière et de paix.

Pour échapper aux états négatifs dans lesquels vous plongent les difficultés et les conflits de la vie quotidienne, vous devez apprendre à vous harmoniser avec les forces et les entités spirituelles qui peuplent l'espace infini, car c'est ainsi que vous recevrez les bénédictions qu'apporte la vie parfaite : la lumière, la joie, la paix, l'amour. Lorsque vous saurez vibrer à l'unisson avec l'univers, il se dégagera de vous des ondes d'une telle intensité que vous entraînerez dans votre sillage toutes les créatures qui, comme vous, aspirent à cette harmonie. Vous deviendrez une puissance bénéfique porteuse de tous les présents du Ciel. Seule la vie harmonieuse vous donnera le pouvoir de faire le bien, d'éclairer les êtres, et c'est dès maintenant que vous devez commencer ce travail.

La vie que nous voyons se manifester autour de nous nous apparaît avec une telle évidence que nous croyons savoir ce qu'elle est. Et pourtant, comment définir la vie ? Ce qui nous fait dire des créatures qu'elles sont vivantes, c'est qu'elles sont capables de faire des échanges avec le monde ambiant où elles puisent les éléments qui leur sont indispensables. Le plus souvent elles le font inconsciemment. Que les pierres, les plantes et les animaux n'aient pas cette conscience, c'est normal, mais les humains ?… Or, combien sont-ils qui, lorsqu'ils mangent, boivent, respirent ou s'exposent au soleil, ont clairement conscience de ce que leur apportent la nourriture, l'air, la chaleur, la lumière ? Et c'est justement cette conscience que doit acquérir le disciple ; ce n'est qu'à cette condition que les échanges se feront pleinement et qu'il saura vraiment ce qu'est la vie.

Il existe une analogie entre les habitations des hommes et leur structure psychique. Prenez par exemple une pièce dans nos maisons : elle est faite d'un plafond (où on accroche les lampes), de murs (avec les portes et les fenêtres) et d'un plancher. Eh bien, plafond, murs et plancher correspondent aux trois domaines de la pensée, du sentiment, de l'action. La lumière de la pensée, c'est-à-dire la sagesse, l'intelligence, la connaissance, vient d'en haut, le plafond. Le sentiment correspond aux murs, avec les portes et les fenêtres qui permettent de communiquer avec l'extérieur, et où l'on accroche des rideaux, des tableaux, des miroirs. Enfin, l'action, c'est le sol sur lequel on se déplace pour travailler. Les fenêtres qui ont des vitres, représentent les yeux ; c'est pourquoi on doit souvent nettoyer les vitres pour que tout soit clair. Voilà une page du livre de la nature vivante, et ce livre, on n'aura jamais fini de l'étudier.

L'être humain se définit par le fait qu'il possède une conscience, mais cette conscience n'apparaît véritablement que lorsque s'éveille en lui la sensibilité aux notions de collectivité, d'universalité. Cette faculté lui permet d'entrer dans l'âme et le cœur des autres au point que lorsqu'il lui arrive de les faire souffrir, il éprouve lui-même les douleurs qu'il leur inflige. Il comprend que tout ce qu'il fait aux autres, le bien comme le mal, c'est à lui-même qu'il le fait.

Apparemment, bien sûr, chaque être est isolé, séparé des autres ; mais la réalité, c'est qu'une part de lui-même est liée à la collectivité et vit dans toutes les créatures, dans tout le cosmos. Si cette conscience collective est éveillée en vous, dans vos relations avec les autres, vous sentez que vos pensées, vos sentiments, vos paroles, vos actes, tout vous revient comme en écho, parce que votre être, qui s'est répandu dans tout l'univers, est devenu une entité collective. Et c'est cela, véritablement, la fraternité.

D'après le récit de la *Genèse*, la création du monde a commencé lorsque Dieu a prononcé ces mots : *« Que la lumière soit ! »* Et maintenant si on les rapproche des premiers mots de l'Évangile de saint Jean : *« Au commencement était le Verbe et le Verbe était avec Dieu, et le Verbe était Dieu. Tout ce qui a été fait a été fait par Lui... »,* on comprend le rapport qui existe entre la lumière et le Verbe créateur. La lumière est la substance que le Verbe divin a fait apparaître pour devenir la matière de la création. Dans le monde physique, tel que nous le connaissons, les Initiés ne voient qu'une condensation de la lumière primordiale : Dieu, le principe actif, a projeté la lumière, et c'est sur cette lumière, qui était déjà une matière, qu'Il a travaillé pour créer l'univers. Mais la science, elle aussi, sera amenée un jour à découvrir que la lumière est la substance primordiale à partir de laquelle l'univers a été créé.

Vous ne pourrez jamais faire obstacle longtemps à l'élan de votre âme. Si vous arrivez à l'entraver un moment, elle brise ses chaînes pour reprendre son chemin vers les hauteurs. Vous ne voulez pas la suivre ? Vous éprouverez un vide, un malaise. Ce vide et ce malaise, c'est elle qui les suscite, afin que vous ne glissiez pas définitivement dans la paralysie et la mort spirituelles.

Efforcez-vous donc de suivre le mouvement de votre âme, en franchissant avec elle les limites du monde matériel pour entrer dans ces régions sublimes d'où viennent toutes les inspirations, celles de la musique, de la poésie, de la peinture, de la danse… Certains appellent ces régions le monde du rêve. Peu importe comment on l'appelle. Celui qui rêve est inspiré et il goûte à une eau divine.

Notre corps physique est fait de matière, et parce que la matière est soumise au temps, elle s'use, s'effrite, se désintègre. C'est ce que nous appelons vieillir, et les rides, les cheveux blancs, les rhumatismes, etc., sont les signes évidents de ce vieillissement, ce qui n'est pas, bien sûr, une constatation agréable. Mais nous ne sommes pas uniquement un corps physique, et si son vieillissement est dans l'ordre naturel des choses, intérieurement rien ne nous oblige à vieillir avec lui. Il n'y a donc pas tellement à s'inquiéter !

Les personnes que chagrinent tellement les marques de l'âge constatées chaque jour devant leur miroir sont en général déjà vieillies intérieurement. Au lieu de se préoccuper d'entretenir ce qui est en elles chaleureux et vivant : leur cœur, elles s'identifient à leur corps, elles s'identifient à la matière. Mais c'est leur cœur, pas leur corps, qui fait qu'elles sont jeunes ou vieilles, et si leur cœur vieillit, c'est qu'elles le lui permettent. Pour ne pas vieillir, il faut garder son amour pour les êtres et les choses, ne jamais perdre son intérêt, sa curiosité pour la vie qui est là, tout autour, tellement riche et abondante.

Nos pensées, nos sentiments et nos actes nous appartiennent et nous concernent d'abord ; mais ces pensées, ces sentiments et ces actes ont des répercussions sur les pierres, les plantes, les animaux, tous les êtres des mondes visible et invisible, toutes les hiérarchies, jusqu'à Dieu. D'après leur qualité, bonne ou mauvaise, ces pensées, ces sentiments, ces actes vont toucher les feuilles, les fleurs, les fruits, ou les racines du grand Arbre de la Vie. Évidemment, suivant le cas, les effets que nous en ressentons sont différents, mais chacune de nos expressions, de nos manifestations, a un lien avec un des règnes de la nature. Eh bien, c'est donc ce lien, ces correspondances qui existent entre nos pensées, nos sentiments, nos actes et les différentes régions de l'univers, que nous devons étudier, en nous efforçant de communier de plus en plus avec les fruits de l'Arbre de la Vie.*

* Voir tableau et note, p. 374-376.

1 Novembre

Quand il vous arrive de vous sentir mal disposé et de ne plus très bien savoir où vous en êtes, comme si des nuages noirs pesaient sur vous et vous bouchaient l'horizon, concentrez-vous sur la lumière, c'est l'exercice le plus efficace, le plus puissant. Mais n'oubliez jamais que les choses agissent sur vous d'après la façon dont vous les considérez. Si vous considérez qu'elles sont utiles, magiques, vous les amplifiez. C'est vous qui, par votre pensée, vos convictions, avez une influence décisive. Donc, si au moment où la lumière pénètre en vous, vous pouvez vous montrer conscient, attentif, plein de bonne volonté pour participer à son travail, avec la conviction que quelque chose croît et grandit dans votre cœur, tous ces nuages sombres, pesants, se dissiperont.

Pour connaître la vérité, nous devons avant tout admettre l'existence du Créateur du ciel et de la terre. Et pour bénéficier de sa vie, de sa lumière, de son amour, de sa force, nous devons nous lier à Lui, entrer en contact avec chacune de ces qualités dont Il est l'unique et véritable source. La seule pensée de son existence travaille déjà bénéfiquement sur nous.

Dieu, on ne peut ni Le décrire ni L'expliquer, ni même Le concevoir, mais celui qui Le cherche sincèrement, qui travaille à se rapprocher de Lui par la pratique des vertus, sent peu à peu sa présence se manifester en lui comme paix, lumière, amour, force, et rien de mauvais ne peut plus l'atteindre. Alors, que ce soit clair ! Vous ne trouverez jamais la vérité en dehors de Dieu, mais vous ne rencontrerez jamais Dieu en dehors de vous : vous ne pouvez Le trouver qu'en vous, comme une présence qui vivifie et illumine tout votre être.

L'être humain est un esprit qui est descendu sur la terre en entrant dans des enveloppes successives de plus en plus denses, que la Science initiatique a appelées corps. En commençant par le plus subtil, ce sont le corps atmique, le corps bouddhique, le corps causal, le corps mental, le corps astral et le corps physique.* Le corps physique est donc la dernière et la plus dense de ces enveloppes. En descendant dans la matière, l'esprit s'est de plus en plus limité, mais c'est lui qui a accepté ces limites. Si, en descendant, l'homme avait su maintenir le lien avec les régions supérieures, il ne serait pas à ce point handicapé, écrasé par la matière. Il se plaint que les conditions matérielles dictent la situation ; c'est vrai, mais c'est parce qu'il n'a pas su maintenir en lui la royauté de l'esprit. Lorsqu'il entreprendra un travail sur lui-même, il constatera que son esprit, son âme, sa pensée, sa volonté, peuvent améliorer toutes les conditions de sa vie, et peu à peu, il retrouvera ses pouvoirs originels.

* Voir note et schéma, p. 372 et 373.

En changeant d'appartement, d'amis, de métier, de pays, de religion, de mari ou de femme, combien de gens croient qu'ils auront enfin la paix ! Une petite tranquillité, un répit, oui, mais tout de suite après, là où ils seront, d'autres tourments viendront les assaillir. Pourquoi ? Parce qu'ils n'ont pas compris que la paix dépend uniquement d'un changement dans leur façon de penser, de sentir et d'agir. Qu'ils fassent là quelques changements et, alors qu'ils resteront dans les mêmes endroits, dans les mêmes difficultés, la paix viendra les habiter.

La vraie paix ne dépend pas des conditions extérieures, elle vient du dedans et elle jaillit, elle nous envahit malgré les turbulences et les trépidations du monde entier. Et celui qui possède cette paix et qui est capable de la déverser, de la répandre autour de lui comme quelque chose de réel, de vivant, celui-là devient un vrai fils de Dieu.

On peut comparer les êtres humains à des graines lancées dans le monde par le Créateur : chaque graine porte inscrite en elle l'image de la perfection divine. C'est ce que signifie le verset de la *Genèse* où il est dit que Dieu créa l'homme à son image. Et quelle est la prédestination d'une graine ? Germer, croître jusqu'à devenir un arbre.

Nous tous, nous sommes des graines, c'est-à-dire des divinités en puissance ; oui, et en nous efforçant d'améliorer chaque jour les manifestations supérieures de notre existence, nous deviendrons réellement des divinités. C'est déjà magnifique d'être une graine, mais c'est encore mieux de devenir un arbre avec des racines, un tronc, des branches, des feuilles, des fleurs et des fruits, car c'est cela la plénitude. C'est pourquoi nous devons travailler à nous rapprocher de plus en plus de la perfection divine, cette perfection dont l'empreinte est déjà gravée quelque part en nous, comme dans la graine, afin de devenir nous aussi un arbre de vie.

Vous ne serez heureux que si vous vous ouvrez aux autres ! Vous direz que les gens que vous rencontrez partout, dans les rues, dans les magasins, sur votre lieu de travail, ne vous inspirent pas et que d'ailleurs, si vous vous montriez ouvert vis-à-vis d'eux, ils ne vous comprendraient pas. C'est vrai, il y a des gens qui ne vous comprendront pas ; si vous les saluez, si vous leur souriez, ils diront : « Qu'est-ce qu'il a, celui-là ? Il n'est pas normal. » Mais pour quelques-uns en effet qui seront incapables de vous comprendre, combien d'autres vous comprendront ! Et puis, est-ce qu'on vit seulement pour les gens qu'on rencontre ? Non, on vit pour toute la création, pour tous les êtres visibles et invisibles, et là il y a des quantités de créatures qui sauront apprécier votre amour. C'est cela l'essentiel.

Il ne suffit pas de bien penser. Toutes ces pensées claires, justes, élevées, que nous sommes capables d'avoir doivent descendre dans le cœur et la volonté, afin de se manifester par des sentiments, puis par des actes correspondants. Beaucoup de gens ont un bon jugement et des idées excellentes, mais à quoi cela sert-il si ce bon jugement et ces idées excellentes ne se traduisent pas par des actes de la même qualité ? Souvent, le contraste entre ce qu'ils ont dans la tête et la réalité de leur vie quotidienne est tel qu'ils sont toujours malheureux, déçus, ils ne comprennent pas ce qui leur arrive. Il faut un lien, il faut une communication entre le haut et le bas ; il faut brancher les circuits. La pensée n'a pas la propriété de toucher directement la matière pour la transformer ; elle ne peut la toucher que par l'intermédiaire du sentiment. C'est donc à travers le sentiment que les idées prennent chair et os pour s'incarner dans la matière.

La pensée a de grands pouvoirs, mais il n'est pas raisonnable de vouloir persuader les humains qu'ils peuvent se guérir par la pensée : la plupart en sont incapables. Alors si vous tombez malade, allez consulter un médecin, et cela dès le début de la maladie, n'attendez pas que le mal soit incurable. Même celui qui décide d'agir sur son mal par la pensée (cela peut toujours accélérer le processus de guérison) doit avoir recours à la médecine, car la maladie risque d'être beaucoup plus rapide que les effets de sa pensée.

Bien sûr, si quelqu'un veut absolument vérifier comment la pensée travaille, il peut avoir uniquement recours à elle. À condition que la maladie ne soit pas grave et qu'elle évolue très lentement, elle finira certainement par céder. Mais s'il s'agit de quelque chose de grave et qui évolue rapidement, on doit se faire soigner tout de suite, et même, le cas échéant, accepter une intervention chirurgicale.

9 Novembre

Pour vous lever le lendemain dans de bonnes dispositions et porter en vous la joie et l'espoir, mettez avant de vous coucher de bonnes pensées dans votre tête, afin qu'elles travaillent pendant la nuit. Ne vous endormez jamais avec une pensée négative, car pendant votre sommeil elle continuera à agir.

Et si, au moment de vous endormir, vous vous sentez envahi par l'angoisse, levez-vous, allumez votre lampe, faites quelques exercices de respiration, une prière, ou bien lisez une page d'une pensée élevée… puis recouchez-vous. Si après un moment ce malaise reparaît, levez-vous à nouveau et recommencez. Il est des cas où la position du corps est extrêmement importante, et on ne peut pas lutter efficacement contre l'angoisse en étant étendu. Si vous craignez de prendre froid, mettez quelques vêtements, mais ne restez pas couché. Dans la position horizontale, on est plus passif. Pour dominer la situation et résister, il y a des cas où il faut être debout.

Bien sûr, la psychiatrie, la psychanalyse ont permis d'acquérir une certaine connaissance du subconscient. Mais le subconscient est une région très vaste et dangereuse, comparable aux profondeurs des océans, où l'on doit se frayer un chemin parmi les algues, les pieuvres, les requins. Celui qui veut y faire des plongées sans le matériel nécessaire, court les plus grands dangers, car non seulement il sera terrorisé par les monstres qu'il va rencontrer, mais il risque d'être dévoré. Personne ne s'aventurerait dans les profondeurs des mers ou de la terre sans s'équiper et s'être préalablement exercé. Mais quand il s'agit de descendre dans les profondeurs de sa propre nature, beaucoup s'imaginent que c'est facile, qu'ils ne risquent rien. Eh bien, non, les plus grands dangers sont là, justement, et pour y échapper il faut s'équiper et s'exercer. Comment ? En cherchant à s'élever au préalable jusqu'aux régions situées au-dessus de la conscience et de la soi-conscience : les régions de la superconscience.

Celui qui agit vis-à-vis des autres avec bienveillance, compréhension, patience, générosité, manifeste consciemment ou inconsciemment sa foi en un principe supérieur qui lui dicte sa conduite. Quant à celui qui s'imagine que sa foi excusera ses fautes aux yeux de Dieu, il se trompe doublement : d'abord, la foi n'efface pas les fautes ; ensuite il fait preuve d'une malhonnêteté qui les aggrave même, car c'est se moquer du Seigneur que de prétendre croire en Lui alors qu'on fait le contraire de ce qu'Il demande. Si la foi suffisait, pourquoi tant de croyants sont-ils plongés dans des états déplorables où leur foi ne peut rien pour eux ? De quoi ont-ils l'air à répéter : « Je crois… je crois… » alors qu'on entend s'élever du plus profond d'eux-mêmes une autre voix qui dit : « Je suis faible, je suis malade, je suis ignorant » ! Le seul véritable critère de la foi, ce sont les actes.

Si vous travaillez à tout embellir, enrichir et harmoniser en vous-même, non seulement vous vous sentirez bien chez vous, mais dans cette demeure tellement magnifique vous pourrez recevoir des invités. Oui, les esprits lumineux seront tellement heureux de venir vous visiter !

Regardez ce qui se passe avec les réceptions dans la vie courante : si vous recevez bien vos amis, dans un endroit agréable, en leur offrant des repas savoureux, des promenades, des concerts, comment n'auraient-ils pas envie de revenir ? Eh bien, c'est ce qui se passe aussi avec les entités lumineuses du monde invisible. Elles aussi sont des amies, et si elles trouvent en vous une demeure où règnent la beauté, l'harmonie, la pureté, elles viendront vous rendre visite, ou même peut-être s'installer définitivement, et c'est vous qui bénéficierez de leur présence.

13 Novembre

Manger et boire ne concernent pas uniquement le plan physique mais aussi le plan spirituel. Notre âme et notre esprit ont aussi besoin de manger et de boire, mais quelque chose de nouveau. Ce n'est donc pas en allant exhumer des philosophies et des religions disparues qu'ils vont se nourrir. Ces enseignements, ces cultes étaient bons pour les époques où ils ont été créés, et s'ils ont disparu, c'est qu'ils n'ont plus maintenant leur raison d'être. Ce sont, excusez-moi, de vieilles conserves. Alors laissez-les et tâchez d'aller dans un restaurant où l'on vous nourrira d'aliments frais sortant tout fumants du four ! Oui, la nature est un restaurant, et là vous respirez l'air d'aujourd'hui, vous mangez le soleil d'aujourd'hui, vous contemplez le ciel d'aujourd'hui, vous communiez avec la force divine d'aujourd'hui. Tâchez d'aller toujours là où il y a quelque chose de neuf, de naissant : la source qui jaillit, l'eau limpide et fraîche, le vent, les fleurs, la terre même... Alors, au lieu d'aller rechercher les messages du passé, il faut déchiffrer les messages nouveaux que le Créateur nous envoie chaque jour.

La compétence et les bonnes dispositions d'un instructeur ne représentent jamais que la moitié des conditions à remplir pour qu'il puisse communiquer son savoir. C'est aux étudiants, aux disciples, d'apporter l'autre moitié en se montrant ouverts, réceptifs, chaleureux.

On peut dire que l'élève, le disciple, c'est le cœur, le cœur qui s'ouvre pour recevoir le savoir de l'instructeur, l'intellect ; et ce savoir finira par toucher aussi l'intellect du disciple. Ainsi, le cœur est l'antichambre de l'intellect, et c'est le cœur qu'il faut d'abord gagner afin de toucher l'intellect. Quand on doit avoir une entrevue avec un personnage important, on attend d'être introduit par son secrétaire. De la même façon, pour avoir une entrevue avec la sagesse, nous devons être introduits par l'amour. Seul celui qui ouvre son cœur approche des grands mystères.

15 Novembre

Combien de personnes portent sur elles des talismans, avec la conviction qu'elles seront soutenues, protégées ! Eh non, il ne suffit pas de posséder un talisman, si puissant soit-il, pour s'assurer l'aide et la protection des entités du monde invisible. Vous ne pouvez compter sur la puissance d'un talisman qu'à condition de travailler psychiquement et physiquement en harmonie avec ce qu'il représente, avec ce qu'il contient comme puissances et vertus, car il est comme une créature qui a besoin d'être renforcée, alimentée par la nourriture qui lui correspond. S'il est imprégné de pureté, vous devez vivre une vie pure ; s'il est imprégné de lumière, vous devez entretenir la lumière ; s'il est imprégné de force, vous devez vous exercer pour que la force soit alimentée, etc. Sinon, ce qui a été fait d'un côté, vous le démolissez de l'autre. Ni les talismans, ni les croix, ni les médailles, même si elles ont été bénies, ne vous protégeront tant que vous ne les porterez pas intérieurement sous forme de qualités et de vertus divines.

Vous recevez la lumière d'un Enseignement spirituel, vous avez là tous les moyens de remédier à vos lacunes, à vos faiblesses, alors ne les laissez pas de côté ! Si vous n'aviez pas ces connaissances, vous seriez excusable de continuer à commettre des erreurs. Mais vous n'êtes pas excusable, car vous possédez le privilège inouï d'avoir reçu les connaissances dont vous avez besoin. Tâchez donc de vous rendre compte de cette chance. Réfléchissez… Dieu sait seulement dans quelles conditions, dans quelle misère intérieure, dans quelles limitations et quels malheurs vous seriez si vous n'aviez pas connu cet Enseignement. Alors, continuez à travailler pour alimenter et renforcer le bon côté en vous et un jour vous sentirez que, quoi qu'il arrive, vous ne pourrez plus vous écarter du bon chemin.

17 Novembre

Prenez enfin la décision de ne pas céder à vos impulsions instinctives, mais profitez de toutes les occasions qui se présentent pour vous dominer : c'est ainsi que vous allez acquérir la liberté et la force.

Vous pouvez commencer par de toutes petites choses. Par exemple, vous êtes sur le point de critiquer quelqu'un ou de vous moquer de lui, et à la dernière minute vous retenez votre langue… Vous êtes avec un homme, ou une femme, et vous avez le désir de faire certains gestes, mais vous ne les faites pas… Vous êtes en colère, vous partez et, au moment de claquer la porte, vous vous retenez et vous la fermez doucement, consciemment… C'est avec des exercices aussi insignifiants en apparence que vous deviendrez vraiment libre et fort. On gagne la liberté en se limitant, parce que c'est en se limitant qu'on accumule des forces pour pouvoir franchir les obstacles.

Savoir se détendre est indispensable pour pouvoir rester actif toute la journée sans être fatigué. Et ces moments de détente, vous ne devez pas les prendre seulement une ou deux fois, mais dix, quinze, vingt fois par jour… Il n'est pas nécessaire que cela dure longtemps, une minute peut suffire. Dès que vous avez un moment de libre, n'importe où, au lieu de rester crispé, ou de vous énerver parce qu'on vous fait attendre, profitez-en, bénissez le Ciel et dites : « Ô Seigneur, ça me donne encore une chance de m'apaiser, de retrouver mon équilibre pour reprendre ensuite mes activités avec de nouvelles forces, des batteries complètement rechargées ». Voilà une façon correcte de raisonner et d'agir. Et n'ayez pas peur de perdre votre temps : vous le regagnez ensuite largement.

Malgré tous les progrès de la science, l'homme ne doit pas espérer qu'une époque viendra où il pourra vivre indéfiniment dans son corps physique, car celui-ci est constitué d'éléments périssables qui doivent nécessairement retourner à la terre d'où ils sont venus. C'est seulement dans son corps de lumière que l'homme peut devenir immortel. Ce corps de lumière est constitué des éléments de la plus grande pureté, dont les vibrations intenses s'opposent aux processus de la maladie et de la mort.

Quand la lumière triomphe dans l'homme, il devient immortel, pas dans son corps physique, mais dans son corps de gloire. C'est pourquoi vous devez comprendre l'importance de la lumière, comprendre que chaque jour vous avez besoin de manger et de boire la lumière, avec la conviction absolue que c'est cette lumière qui vous apportera la nouvelle vie, la puissance et la splendeur du Ciel.

Les Évangiles contiennent certaines phrases sur lesquelles il faut sans cesse revenir pour les méditer. Par exemple : *« Cherchez le Royaume de Dieu et sa Justice et tout le reste vous sera donné par surcroît. »* Ou encore : *« Soyez parfaits, comme votre Père céleste est parfait », « Mon Père travaille, et moi aussi je travaille avec Lui », « Je suis la résurrection et la vie », « Je suis la lumière du monde »*, mais aussi : *« Vous êtes la lumière du monde. »*

Il faut donc choisir dans les Évangiles les passages qui présentent l'idéal le plus sublime à atteindre, et entreprendre avec eux un véritable travail intérieur. Bien sûr, on peut s'arrêter sur quelques commandements : ne pas tuer, ne pas voler, ne pas convoiter la femme du voisin… Mais qu'est-ce que c'est, ne pas tuer, ne pas voler ? Que peut-on ainsi acquérir de tellement extraordinaire dans le monde spirituel ? C'est la perfection du Royaume de Dieu qu'il faut souhaiter, car là sont contenues toutes les bénédictions.

Est-ce que vous savez attendre, oui, attendre afin de puiser des éléments bénéfiques dans les quelques moments qui précèdent l'arrivée d'un événement heureux ? Vous attendez une lettre de quelqu'un que vous aimez. Enfin, elle arrive, quelle joie ! Mais comme vous êtes impatient, vous vous dépêchez de l'ouvrir et voilà votre joie envolée, car cette lettre, que contenait-elle ? Souvent, pas grand-chose. Mais c'est l'attente qui était extraordinaire ! Oui, si vous attendez un peu, en essayant de deviner ce que contient cette lettre, vous goûtez des moments uniques, et vous pouvez les prolonger autant que vous le désirez. Mais voilà, on est faible, on est tenté, on ne sait pas résister et on détruit sa joie.

La lettre n'est là qu'un exemple pour vous faire comprendre que vous devez vous exercer à prolonger vos joies. Quand vous travaillez pour obtenir quelque chose, là encore vous pouvez vous réjouir seulement de ce que vous vivez par avance dans votre pensée, votre cœur, votre âme. Les projets une fois réalisés, on est déçu souvent : on en attendait beaucoup plus.

Chaque planète du système solaire représente des qualités particulières et ces qualités sont renforcées ou affaiblies suivant les signes zodiacaux par lesquels elle passe. Quand Mars, par exemple, arrive en Bélier, il devient fort, puissant, parce que le Bélier lui donne toutes ses énergies. Mars et le Bélier ont de la sympathie l'un pour l'autre, ils se comprennent et puisent des forces l'un dans l'autre. Mais quand Mars arrive dans d'autres signes, comme le Cancer ou la Balance, il s'affaiblit parce que ces signes sont étrangers à sa nature. De la même manière, les planètes en nous, c'est-à-dire les pensées, les sentiments, sont plus ou moins exaltés ou affaiblis suivant les organes, les centres au travers desquels ils se manifestent. Si vous placez votre amour dans la tête, il n'agira pas de la même façon que si vous le placez dans le cœur. Et si vous placez la sagesse ailleurs que dans le cerveau, elle ne sera pas très efficace. C'est seulement là où les vertus et les organes se comprennent, qu'ils reçoivent les uns des autres une grande énergie.

23 *Novembre*

De même que nous avons un estomac physique, nous avons un estomac psychique ; et de même qu'il y a des peaux, des écorces, des arêtes, etc., à enlever aux aliments avant de les mettre dans la bouche, dans le domaine des pensées et des sentiments il y a aussi à enlever certains éléments malpropres et nocifs.

Celui qui ne veut pas étudier cette question de la nutrition dans le domaine psychique se prépare de grandes épreuves. Car les pensées et les sentiments sont des matériaux grâce auxquels l'homme forme ses différents corps subtils, et s'il se construit un taudis, il ne recevra pas la visite d'un prince ou d'un grand-prêtre, mais celle de clochards – symboliquement parlant. C'est lui qui construit ses corps éthérique, astral et mental, et d'après la qualité de ces corps, son destin est tout tracé.* C'est pourquoi vous devez apprendre à faire un choix parmi vos sentiments et vos pensées, afin de ne nourrir en vous que les états de conscience les plus purs et les plus désintéressés.

* Voir note et schéma, p. 372 et 373.

Pourquoi, parmi les quatre éléments, l'eau est-elle plus particulièrement associée à la clairvoyance ? Il est dit dans la *Genèse* qu'au deuxième jour de la création, Dieu sépara les eaux d'en haut et les eaux d'en bas. Les eaux d'en haut représentent la bibliothèque cosmique dans laquelle sont gardées les archives de l'univers. Cette bibliothèque, appelée dans la tradition ésotérique « Akasha chronica », porte les empreintes laissées par toutes les créatures depuis les origines du monde, ainsi que tous les événements qui se sont déroulés. C'est pourquoi beaucoup de clairvoyants travaillent avec l'eau : ils se concentrent au-dessus d'une coupe remplie d'eau et ils « voient ». Non pas qu'ils voient réellement quelque chose dans l'eau, mais grâce à elle ils se lient à ces eaux d'en haut où flottent les images de ce qu'ils veulent connaître et qu'ils parviennent ainsi à capter.

Avant toute autre chose, un Maître spirituel enseigne à ses disciples la science de la vie. Mais les disciples, qui n'ont aucune idée de la valeur de la vie, pensent : « Qu'est-ce que c'est que cette science-là ? Comment vivre ? Mais quel intérêt ? Ce qui est intéressant, c'est de pouvoir prédire l'avenir, fabriquer des talismans pour se protéger, retrouver ses incarnations antérieures… » Et ils perdent leur temps à lire des livres d'occultisme, à rencontrer des personnes qui leur font, paraît-il, des révélations. Pendant ce temps, ils négligent leur vie jusqu'au jour où, affaiblis, déçus, n'ayant rien trouvé de ce qu'ils espéraient, ils commencent à comprendre qu'ils sont passés à côté de l'essentiel. Oui, car rien ne peut égaler ni dépasser la vie, rien : ni la science, ni la philosophie, ni les pouvoirs, ni l'argent. Vous devez donc protéger votre vie, la purifier, l'illuminer, car c'est grâce à elle que vous obtiendrez la vraie connaissance, la vraie clairvoyance, les vraies richesses, les vrais pouvoirs.

Comment pouvons-nous savoir si nous croyons véritablement en Dieu et si nous L'aimons ? C'est simple : si nous sommes reconnaissants, si nous pensons à Le remercier. Ce qui est exactement le contraire de ce que font généralement les humains. Ils disent croire en Dieu et ils s'imaginent L'aimer, mais cette foi et cet amour ne se manifestent le plus souvent que par des exigences : Dieu doit veiller sur eux, les protéger, leur accorder tout ce qu'ils souhaitent, et gare à Lui s'Il ne le fait pas, ils ne croiront plus en Lui et ils ne L'aimeront plus ! Eh oui, c'est cela la foi et l'amour de beaucoup de croyants : des réclamations et des reproches. Voilà pourquoi leur foi est chancelante et leur amour tellement changeant.

On considère comme nobles les fonctions du cerveau et du cœur, alors que celles du ventre, par exemple, paraissent plus triviales. Et pourtant, c'est dans cette partie du corps que se créent et se forment les êtres. Non seulement c'est là que la mère porte son enfant, mais l'enfant, relié par le cordon ombilical, y puise des forces et se nourrit. Les Russes appellent cette région du ventre « jivot » et « jivot » en bulgare signifie « vie ». Oui, c'est dans cette région que la vie a sa source, et de là elle se propage et se distribue dans les autres organes du corps. Même le cerveau est tributaire de ce centre dont il reçoit la vie. C'est comme pour l'arbre : la région la plus importante de l'arbre, ce sont les racines qui sont là, cachées sous terre, noires et tordues. Nos racines aussi sont obscures et tordues, mais si nous savons comment les explorer, nous découvrirons un monde d'une extraordinaire richesse de maté riaux et d'énergies.

De plus en plus de gens, paraît-il, ont recours aux voyants, aux médiums, aux mages, pour résoudre leurs problèmes de santé, d'amour, de travail… ou pour se faire exorciser, désenvoûter. Eux-mêmes ne font rien pour se renforcer et se sortir de là, c'est toujours à d'autres de le faire à leur place. Mais en admettant même que quelqu'un arrive à les décharger de leurs fardeaux, comme ils sont faibles, ils se laisseront vite écraser à nouveau. Tant qu'ils ne penseront qu'à aller trouver quelqu'un qui doit les guérir, les consoler, les rassurer, les gens resteront ignorants, chétifs, vulnérables.

Même si le plus grand Maître vous guérit et vous protège, ce ne sera que pour peu de temps, car en réalité tout dépend de vous. Vous devez apprendre à vous servir de la lumière et des clés qu'il vous donne, car alors c'est vous-même, votre âme, votre esprit qui entrent en action, et là seulement les résultats sont définitifs.

Un grand nombre de difficultés et d'échecs que rencontrent les humains viennent de ce qu'ils sont intérieurement divisés : le cœur, l'intellect, la volonté, l'estomac, le sexe, etc., chacun tire de son côté, et alors les forces se dispersent. Une histoire raconte comment l'aigle, le poisson, la taupe et l'écrevisse s'étaient réunis pour transporter un fardeau : la taupe essayait de le tirer sous terre, le poisson vers la rivière, l'aigle vers le ciel et l'écrevisse en arrière… Vous pouvez imaginer si ce fardeau a été bien transporté ! C'est exactement ce qui se passe la plupart du temps en l'homme, car rien n'est plus difficile pour lui que d'unifier ses différentes tendances afin de les faire agir dans la même direction. Il peut arriver de temps en temps qu'il y réussisse, mais si rarement ! Et pourtant, c'est cette unification de toutes les facultés qui nous donne non seulement le succès, mais l'équilibre, la puissance et la paix véritables.

Dans leur ignorance et leur étroitesse d'esprit, certains mystiques, ermites ou ascètes refusent tout échange avec le principe féminin, et c'est ainsi qu'ils détruisent leur équilibre ; ils se dessèchent et deviennent des cadavres ambulants. Eh bien, ce n'est pas cela, la spiritualité !

Vous direz : « Mais beaucoup de grands Maîtres et d'Initiés ne se sont pas mariés, est-ce qu'ils ressemblaient à ces fanatiques ? » Non, les grands Maîtres et les Initiés sont très larges, ils comprennent la création de Dieu, et s'ils vivent une vie de continence et de chasteté, c'est qu'ils font dans les plans subtils des échanges tellement riches et merveilleux avec le Principe féminin, la Mère divine, qu'ils n'ont pas besoin de descendre trop bas dans le plan physique pour se limiter, se surcharger. Ils se nourrissent, ils boivent à des sources et dans des régions inconnues de la majorité des humains, là où tous les échanges se font dans la plus grande lumière et la plus grande pureté. Les Anges les visitent, les Archanges les visitent, ils nagent dans l'amour divin.

Pour être en bonne santé, les humains doivent commencer par prendre conscience que leur corps physique est comparable à un champ de bataille où s'affrontent les puissances de vie et les puissances de mort. Celui qui vit d'une façon désordonnée, chaotique, alimente dans son organisme les forces de désagrégation qui travaillent à le détruire. Par contre, s'il embrasse la lumière, s'il redresse sa philosophie, s'il décide de travailler d'après les lois divines, il apporte son soutien aux gardiens de l'organisme et les forces destructrices sont neutralisées. Voilà comment il renforce ou affaiblit tantôt les unes, tantôt les autres. Il doit donc se surveiller pour devenir plus sage, car c'est par sa façon de vivre qu'il établit en lui les conditions de la santé ou de la maladie.

En vous conduisant d'après vos sympathies et vos antipathies, vous ne faites qu'alimenter les conflits autour de vous et vous traîner vous-même dans les couches inférieures du plan astral. Car ne croyez pas, comme beaucoup le font, que c'est votre intuition sur les êtres qui produit en vous des mouvements de sympathie et d'antipathie... Non, ce sont là des attractions ou des répulsions qui ont une origine physique, biologique, et pas du tout spirituelle.

Une personne possède, dans la structure de son corps physique ou de son visage, certains éléments qui sont en affinité ou au contraire en opposition avec des éléments appartenant à votre propre structure biologique ; et c'est pour cela que vous vous sentez attiré ou repoussé par elle. Et si vous vous donnez la peine de réfléchir et d'étudier la question, il se peut que vous trouviez de graves défauts chez ceux qui vous sont tellement sympathiques, et au contraire des qualités chez certains pour qui vous éprouvez de l'antipathie.

Notre visage porte les traces de chacune de nos pensées, de chacun de nos sentiments, car toute manifestation dans le monde subtil finit par avoir une expression matérielle. Cette loi de la matérialisation est une des premières vérités que les Initiés enseignent à leurs disciples afin que, prenant conscience de sa réalité, ils deviennent de plus en plus prudents, vigilants, maîtres de tous leurs mouvements intérieurs. Chaque pensée juste ou erronée, chaque sentiment bon ou mauvais projette sur le visage une image, une forme, ou seulement une ligne qui le rend vivant, expressif, harmonieux… ou le contraire. Et avec le temps ces formes s'incrustent. C'est pourquoi le disciple qui veut retrouver son visage divin veille sur ses sentiments et ses pensées.

Vous êtes dans la rue, et soudain vous pensez que vous avez quelque chose de très important à confier à un ami. Vous entrez alors dans une cabine téléphonique et là, vous fermez la porte pour vous isoler et ne pas être gêné par le bruit. Maintenant vous voulez prier, vous adresser au Seigneur… Mais là c'est plus difficile car, pour obtenir le silence, le lieu dans lequel vous devez entrer est en vous-même. Une fois que vous êtes entré, là aussi vous devez fermer la porte derrière vous. Fermer la porte signifie ne pas laisser entrer en soi des préoccupations, des pensées, des désirs étrangers à la prière. C'est à cette seule condition que vous pouvez obtenir le contact avec le Seigneur et entendre sa réponse. Voilà pourquoi Jésus disait : *« Quand tu pries, entre dans ta chambre, ferme la porte, et prie ton Père qui est dans le lieu secret. »* Nous avons tous en nous-même des portes que nous devons apprendre à fermer.

Les enseignements religieux mettent nécessairement l'accent sur la foi. Et dans un premier temps, il est vrai que c'est nécessaire ; car ce dont les humains ont le plus besoin, c'est de croire en un Principe créateur, une Puissance qui les dépasse infiniment, qu'on l'appelle « Dieu » ou d'un autre nom. En leur demandant de croire, la religion les incite à prendre une orientation, elle les invite à porter leur regard vers un monde supérieur. Même s'ils ne peuvent pas tout de suite accorder leurs actes avec la loi morale qui découle de leur foi en Dieu, la conscience qu'ils acquièrent peu à peu de l'existence d'un Être suprême doit au moins les pousser à faire des efforts pour s'élever jusqu'à Lui. Car Dieu nous tend des fils invisibles, et la foi consiste à saisir ces fils et à faire les efforts nécessaires pour nous élever, sans craindre qu'ils cassent.

Quelle activité déploient les malfaiteurs, c'est impressionnant ! On dirait que leurs projets criminels les tiennent toujours debout et en éveil. Ils sont infatigables. Tandis que les gens honnêtes, que ne stimule aucun besoin de cambrioler, tuer et se venger, ont beaucoup moins d'énergies et ils restent tranquilles, satisfaits d'eux-mêmes. Eh bien, non, il n'y a pas tellement de quoi être satisfait. Fonder une famille, avoir un métier, se montrer sociable, aimable, charitable, c'est déjà quelque chose, bien sûr, mais ce n'est pas un grand idéal. Il y a beaucoup d'autres choses à faire dans la vie et il faut qu'ils comprennent qu'ils n'ont pas encore commencé le véritable travail. C'est pourquoi ils ont besoin d'un enseignement initiatique pour leur révéler des activités qu'ils n'ont jamais encore envisagées jusqu'à présent. À ce moment-là, ils se sentiront obligés de se dépasser, de se surpasser, et eux aussi deviendront infatigables.

Il existe des analogies entre la vie des animaux et la vie psychique des humains. Prenons la taupe, par exemple… La taupe vit sous terre, loin de la lumière, et pour se déplacer elle est obligée de creuser dans le sol de longues galeries que la charrue du paysan détruit parfois. Cette vie obscure et limitée lui convient sans doute, parce qu'elle est une taupe ; elle ne peut pas en imaginer une autre. La vie du poisson est plus libre que celle de la taupe : l'espace dans lequel il se meut est plus vaste, plus éclairé. Mais plus libre encore est la vie de l'oiseau : tout l'espace lui appartient et il chante et se réjouit dans la lumière du soleil. La taupe (la terre), le poisson (l'eau), l'oiseau (l'air) sont ici des symboles ; chacun correspond à un niveau de conscience, et le niveau de conscience détermine la destinée.

Au docteur de la Loi qui lui demandait : « *Maître, quel est le plus grand commandement ?* » Jésus répondit : « *Tu aimeras le Seigneur ton Dieu, de tout ton cœur, de toute ton âme, de toute ta pensée et de toute ta force.* » Par la pensée il faut entendre l'intellect, et par la force il faut entendre l'esprit, car seul l'esprit en nous possède la véritable force. Nous devons donc aimer Dieu avec notre cœur, notre intellect, notre âme et notre esprit, c'est-à-dire avec les quatre principes qui constituent notre monde psychique. Tous, nous possédons ces quatre principes, mais suffit-il de les posséder pour aimer Dieu comme Jésus nous le demande ? Non, car ils sont eux aussi des instruments qui se rouillent si nous ne savons pas les entretenir, travailler sur eux. C'est pourquoi nous devons méditer le précepte du Maître Peter Deunov : « Ayez le cœur pur comme un cristal, l'intellect lumineux comme le soleil, l'âme vaste comme l'univers, l'esprit puissant comme Dieu et uni à Dieu. » La pureté du cœur, la lumière de l'intellect, l'immensité de l'âme et la puissance de l'esprit… C'est en travaillant sur ces vertus que nous arriverons réellement à aimer Dieu.

Il vous est sans doute arrivé de faire des cauchemars : vous avez remarqué que, le plus souvent, ce cauchemar s'interrompait soudain parce vous vous réveilliez en sursaut, et alors, tout content de vous retrouver bien à l'abri dans votre corps physique, vous vous êtes dit : « Heureusement ce n'était qu'un rêve ! » Pourquoi ce réveil en sursaut ? Parce que, subconsciemment, vous savez que pour vous défendre des êtres ou des forces hostiles du plan astral,* vous devez rentrer dans votre corps physique, qui est comme une forteresse où vous pouvez vous abriter. Si vous restez endormi, vous êtes toujours à la merci des « ennemis » du plan astral, mais en quittant cette région pour rentrer dans votre corps physique qui est épais, solide, vous leur échappez.

* Voir note et schéma, p. 372 et 373.

Il est écrit dans le livre du *Zohar : « Sept lumières il y a dans le Très-Haut, et c'est là qu'habite l'Ancien des Anciens, le Mystérieux des Mystérieux, le Caché des Cachés : Aïn Soph.* » Ces sept lumières sont les sept esprits qui se tiennent devant le trône de Dieu : l'esprit de la vie, de l'amour : la lumière rouge ; l'esprit de la sainteté : la lumière orange ; l'esprit de la sagesse : la lumière jaune ; l'esprit de l'éternité : la lumière verte ; l'esprit de la vérité : la lumière bleue ; l'esprit de la force : la lumière indigo ; l'esprit de l'amour divin, du sacrifice : la lumière violette. Ce sont les sept esprits des vertus divines.

La science de la lumière et des couleurs était celle des hiérophantes antiques, et c'est aussi celle du Christ. Le monde a été créé par la lumière, et si l'homme sait travailler avec la lumière, il peut lui aussi devenir créateur. Même si toutes les sciences devaient disparaître un jour, il resterait la science de la lumière et des couleurs qui sont les propriétés de la lumière.

Pour recevoir du Ciel la lumière, la force et la richesse spirituelles, nous devons envoyer une demande au Seigneur : « Mon Dieu, jusqu'à présent j'ai voulu me rendre indépendant, mais je m'aperçois que cela n'a servi qu'à me rendre terne, faible et pauvre. Désormais, je ne veux plus de cette indépendance : envoie-moi l'Esprit de Vérité pour qu'il me conduise et m'apprenne à distinguer le vrai du faux et à éviter les dangers. Inscris mon nom dans ton grand Livre, car je veux devenir ton serviteur. »

La Kabbale appelle l'Esprit de Vérité, *Rouah ha-Emeth*. Pour entrer en relation avec lui, vous pouvez chaque jour vous concentrer sur la lumière bleue. Imaginez ses rayons autour de vous, sentez qu'ils vous pénètrent, qu'ils vous traversent. Peu à peu vous éprouverez une extraordinaire impression de paix, car la paix aussi est liée à la couleur bleue. Au sein de cette paix profonde, les passions s'apaisent, vous abandonnez les préjugés qui vous égaraient et tout vous apparaît plus clairement.

Nous ne devons pas voir d'opposition entre l'esprit et la matière, car la matière est une condensation de l'esprit. Et c'est sur cette matière issue de lui que l'esprit agit pour faire apparaître les formes innombrables de la vie. L'esprit et la matière sont deux aspects de Dieu Lui-même. La matière est aussi sacrée, aussi sainte que l'esprit, parce qu'elle est fille de l'esprit. Quand il est dit dans la *Genèse* que Dieu a créé Adam et Ève, c'est une façon d'exprimer qu'Il a créé l'esprit et la matière. Il a créé Adam (l'esprit), et d'une côte d'Adam Il a façonné Ève (la matière). Pour les Initiés qui possèdent le vrai savoir, la matière n'a pas pu apparaître à partir de rien, elle a son origine dans l'esprit, elle est sortie de l'esprit, elle est le résultat du travail de Dieu Lui-même.

13 Décembre

Tous ces succès dont les scientifiques sont si fiers donnent maintenant de quoi réfléchir et se poser des questions. Est-ce que le vrai progrès consiste à envoyer des engins sur les autres planètes ? Et pour faire quoi, finalement ? Pour arriver un jour à en exploiter les ressources et finir par y introduire le même désordre que sur la terre ? Pourquoi maintenant aller troubler tout l'univers ? Bien sûr, il n'y a rien de mauvais en soi à vouloir explorer le cosmos, mais pas avant d'avoir compris et résolu certaines choses ici, sur la terre. Les humains ne respectent rien, ils se croient libres d'aller partout sans se préoccuper des bouleversements qu'ils vont produire. Mais cette violence, ils devront un jour la payer très cher. Tant que les scientifiques n'auront pas d'autre but que de donner aux humains les moyens de se jeter sur la nature pour la fouiller, l'exploiter sans aucune considération des dégâts qu'ils occasionnent, ils n'ont pas à être fiers des prétendus progrès qu'ils font faire à la civilisation.

« Moi, c'est Lui », cette formule que répètent les yogis hindous, comment parvenir à ce qu'elle devienne une réalité ?… Voici un exercice que vous pouvez faire.

Imaginez que vous sortez de votre corps pour vous élever vers le Ciel… En même temps que vous montez, vous vous étendez dans l'espace infini, vous vous fondez dans l'Âme universelle. Même s'il vous semble alors disparaître et ne plus avoir conscience de vous, cela ne doit pas vous troubler, car en même temps que vous vous dissolvez dans l'espace, l'esprit divin descend sur vous. Il s'installe en vous pour travailler, et c'est lui qui parle, c'est lui qui agit, c'est lui qui se manifeste à travers vous. Vous direz : « Mais que va-t-il m'arriver si je ne suis plus moi ? » En réalité, vous serez toujours vous : vous ne perdrez pas votre identité, vous aurez seulement trouvé votre Moi véritable.

Puisque nous sommes tous des héritiers de notre Père céleste, de sa splendeur, de sa puissance, de sa lumière, c'est donc que nous sommes tous des princes et des princesses. Alors, pourquoi notre vie sur la terre est-elle parfois si difficile ?… Il arrive que l'on rencontre de très belles âmes, vraiment des princes et des princesses, mais ils sont là comme des mendiants, condamnés à vivre dans des conditions déplorables. Pour quelle raison ?… Il y a toujours une raison. Cela peut être, bien sûr, qu'ils ont des dettes à payer, un karma à liquider, et c'est donc la justice divine qui les a placés dans ces conditions. Mais souvent il y a d'autres raisons, car le but de l'Intelligence cosmique est toujours de nous pousser à nous perfectionner, et pour cela il est nécessaire qu'elle nous fasse passer par des épreuves. Oui, seules certaines épreuves déterminées nous instruisent, nous renforcent ; c'est grâce à elles que nous serons un jour capables d'assumer notre héritage divin.

Dans la mesure où le psychisme exerce une influence sur le physique, la foi peut intervenir dans la guérison des maladies ; mais la foi seule ne suffit pas, il faut accompagner l'acte de foi d'un véritable travail de la pensée. Et encore cela ne concerne-t-il que certains troubles, comme par exemple les maux de tête ou d'estomac, les crises de foie, l'insomnie… Car ces troubles ont souvent des causes psychiques : colère, angoisse, tristesse, choc… Mais d'une façon générale une maladie physique doit être soignée par des moyens physiques. Et de même, une maladie psychique doit être soignée par des moyens psychiques. Prescrire des médicaments à une personne qui souffre de troubles psychiques peut donner quelques résultats, mais ce ne sont que des palliatifs qui ne changent rien en profondeur. Le monde physique et le monde psychique ont chacun leurs lois propres qu'il convient de connaître et de respecter si on veut obtenir des résultats durables.

17 Décembre

Aucune pratique spirituelle ne dépasse l'habitude de se concentrer sur l'image du sommet, car c'est au sommet que se trouve la source de tous les biens. En vous concentrant sur le point le plus élevé, vous êtes obligé de vous projeter toujours en avant, de franchir de nouvelles étapes. Vous ne demandez rien d'autre que d'atteindre ce sommet : Dieu, et vous recevez la lumière, l'amour, la beauté, la santé, la richesse. À cause de l'opacité de la matière qui vous enveloppe, vous ne sentirez peut-être pas immédiatement de grands changements. Mais au fur et à mesure que vous faites des efforts, le chemin s'ouvre devant vous, un pont se rétablit avec les régions célestes, et un jour il vous suffira de vous concentrer quelques minutes sur ces régions pour sentir aussitôt la plénitude.

Vous avez un idéal spirituel, mais vous sentez que vous n'arrivez pas à accorder votre conduite avec cet idéal... Dites-vous bien que ce n'est pas une raison pour l'abandonner. Si votre recherche est sincère, quelles que soient les difficultés, vous ne devez pas lâcher prise pour viser quelque chose de plus agréable ou de plus facile. Si à un moment vous êtes obligé de relâcher vos efforts, au moins ne perdez pas de vue la bonne direction. Que cette fatigue ou cette faiblesse passagère ne soit pas un prétexte pour changer d'orientation. Vous êtes excusable d'être fatigué, et quand vous êtes fatigué, reposez-vous, mais sans abandonner le chemin sur lequel vous êtes en train de marcher. Pour se reposer, il n'est pas nécessaire de prendre une autre route. Rien n'est plus dangereux que d'abandonner un idéal sous prétexte qu'on n'est pas capable de vivre constamment une vie en accord avec lui.

La quantité, voilà ce que recherche la majorité des humains : quantité de nourriture, d'argent, de possessions de toutes sortes ; même dans l'amitié et dans l'amour, ils veulent la quantité. Et pourtant il faut savoir que la recherche de la quantité non seulement nous disperse et complique notre existence, mais encore contribue à développer notre nature inférieure en créant de plus en plus de désirs, de besoins. Elle entrave donc tout progrès spirituel et, avec le temps, elle entraîne la stagnation et la mort.

La recherche de la qualité, au contraire, nous fait évoluer, car la qualité appartient à un ordre de choses supérieur, elle possède des vibrations plus pures, plus lumineuses, plus puissantes. Celui qui recherche la qualité se rapproche de longueurs d'onde de plus en plus subtiles, jusqu'à atteindre le point le plus vibrant, le sommet, l'esprit. On peut donc dire que la quantité appartient à la matière et la qualité à l'esprit.

En tant qu'entité consciente, l'être humain est placé à la frontière du monde inférieur et du monde supérieur. S'il n'est pas vigilant, les forces obscures l'attirent à elles pour le broyer et le dévorer ; et une fois dévoré, il est rejeté, il ne reste plus rien de lui. Tandis que s'il se laisse attirer, absorber par les forces du monde supérieur, tout s'éclaire, et il devient un foyer de courants lumineux, puissants, bénéfiques.

Mais de même qu'il doit s'efforcer d'échapper à l'attraction du monde inférieur, l'être humain ne doit pas non plus s'abandonner complètement à l'attraction du monde supérieur, car il a pour mission de travailler sur la terre avec les forces célestes, sans pour autant perdre de vue l'équilibre à maintenir entre la terre et le Ciel. Du moment qu'il est sur la terre, il ne doit pas la quitter prématurément. S'il rompt cet équilibre pour rejoindre plus rapidement le Ciel, il vivra peut-être dans l'immensité, dans la lumière, mais il ne remplira pas sa mission : travailler sur la terre avec les moyens du Ciel.

21 Décembre

Cherchez la lumière, pensez chaque jour à l'introduire en vous comme une essence pure, brillante, rayonnante. La lumière est une matière tellement subtile qu'on ne peut ni la peser, ni même la toucher, mais c'est grâce à elle que vous pouvez créer dans le monde spirituel. Les Initiés, pour qui la seule véritable réalité est la lumière, ne cessent de travailler avec elle, de se concentrer sur elle, afin d'établir des communications avec le monde divin. Car, il faut le savoir, le seul moyen véritablement efficace que nous avons pour entrer en relation avec le monde divin est celui que nous sommes capables de créer nous-mêmes en tissant des fils de lumière entre ce monde et nous. Une fois ces fils tissés, le Ciel et la terre entrent en contact et font des échanges qui nous apportent la plénitude.

Ne vous préoccupez pas des conceptions erronées que la plupart des gens se font du mot « magie », et efforcez-vous de devenir des mages blancs. Un mage blanc est un être qui a d'abord travaillé à organiser et harmoniser son monde intérieur afin que toutes ses cellules vibrent à l'unisson. Les vibrations qu'il a ainsi créées en lui l'accompagnent, et où qu'il aille, il introduit dans tout ce qu'il touche des éléments fluidiques qui, possédant les mêmes qualités que lui, rétablissent partout l'ordre et l'harmonie. En souhaitant toujours faire le bien, consoler, apaiser, éclairer et vivifier les créatures, chacun peut se préparer à devenir un mage blanc, un fils de Dieu. Tant que vous ne serez pas instruit de cette réalité, inconsciemment vous serez poussé à vous montrer nuisible et malfaisant.

23 Décembre

Avant d'embrasser la vie spirituelle l'être humain est comparable à un quelconque morceau de fer, terne et froid. Seul un contact avec le feu, le feu céleste, peut le transformer. Le feu physique a la propriété de rendre le fer suffisamment malléable pour que le forgeron puisse lui donner des formes nouvelles. De même, le feu céleste, qui est l'amour divin, peut plonger l'homme dans un état spirituel où il se débarrasse de ses anciennes formes désharmonieuses, sombres, pour en recevoir de nouvelles, lumineuses, rayonnantes. Cette vérité a été connue de tout temps par les vrais mystiques, les vrais Initiés, qui ont su trouver le vrai feu, celui qui brûle dans l'âme et dans l'esprit. En s'y plongeant, ils sont arrivés à un état de parfaite malléabilité ; puis, par un travail de la pensée, ils ont frappé, martelé, afin de se donner des formes nouvelles.

Vous voudriez recevoir l'aide des entités célestes et leurs bénédictions. Mais comment peuvent-elles seulement vous apercevoir si vous ne faites rien pour attirer leur attention ? Envoyez-leur au moins quelques signaux lumineux. Comment ? En projetant chaque jour à travers votre cœur, votre intellect, votre âme et votre esprit des étincelles, des feux d'artifice aux couleurs pures. En les apercevant, ces entités vont se dire : « Oh, il y a une fête là-bas, allons-y ! » Elles s'approcheront, et ce qu'elles verront leur paraîtra si beau qu'elles se prendront d'amitié pour vous ; elles pourront même s'installer en vous pour vous aider, et tout vous deviendra facile. Voilà pourquoi il faut prendre au sérieux le travail spirituel ; c'est la seule façon d'attirer la présence et l'aide des esprits supérieurs. Ils ne sont sensibles qu'à la lumière émanée par les êtres qui travaillent à la réalisation du Royaume de Dieu sur la terre.

Même si ce qui a été écrit dans les Évangiles au sujet de la naissance de Jésus ne correspond pas à la réalité historique, c'est absolument vrai du point de vue symbolique et ésotérique, et c'est cela qui est important pour nous. Lorsque l'Enfant Christ naît dans l'âme du disciple, les esprits célestes se mettent à son service, car cet enfant est l'enfant royal, tout le Ciel vient pour l'admirer et lui fournir ce dont il a besoin. Qu'il y ait réellement eu ou non une étoile, des anges, des bergers, une crèche avec un âne et un bœuf, ce n'est pas ce qui compte, car du point de vue symbolique tout cela reste vrai. Chaque fois que le Christ naît dans une âme, l'étoile est là, les anges chantent, et les mages viennent s'incliner et apporter des présents.

Les vérités exprimées dans la Bible ont été vécues par des esprits exceptionnels. Pour les comprendre, il faut s'efforcer de les suivre jusque dans les régions où ils sont eux-mêmes parvenus à s'élever, donc entrer dans leur vision des choses. Pour interpréter les paraboles de Jésus, par exemple, l'analyse des textes ne suffit pas, on a besoin d'une autre science, la science des symboles qui ne peut s'acquérir que par l'exercice des facultés de l'âme et de l'esprit.

Nous comprendrons les textes sacrés quand nous parviendrons à vibrer à la même longueur d'onde que leurs auteurs, sinon leur langue, leur vraie langue nous restera étrangère. Nous devons sentir ce qu'ils ont eux-mêmes senti, vivre ce qu'ils ont eux-mêmes vécu, c'est-à-dire nous élever jusqu'à leur niveau de conscience ; et alors là, vraiment, la lumière jaillit ! Mais ce niveau de conscience élevé ne peut être atteint que si nous améliorons notre façon de vivre, si nous nous montrons plus attentif, plus respectueux des lois du monde spirituel.

27 Décembre

Les pensées sont des entités vivantes ; et d'après leur nature, leur puissance, l'intention et le sentiment que l'on introduit en elles, elles se dirigent vers tels objets ou tels êtres. Certaines ne vivent pas longtemps, tandis que d'autres subsistent pendant des siècles et même des millénaires. Il faut considérer chaque pensée comme une créature qui s'efforce de vivre le plus longtemps possible, jusqu'au moment où, ne pouvant plus se maintenir, elle meurt. Toutes les pensées de même nature se rejoignent, se renforcent et s'amplifient.

On n'est pas habitué à considérer les pensées comme des entités vivantes, produites et alimentées par les humains. C'est un domaine complètement négligé par la science officielle. Seule la Science initiatique, qui a bien étudié la question du psychisme humain, sait que les pensées sont des entités. Selon le cas, d'après la personne qui l'a projetée, cette entité peut être belle, expressive, intelligente, puissante, ou bien terne, faible, informe ou même monstrueuse. Donc, autant il y a de choses à dire sur les êtres humains, autant il y a aussi à dire sur les pensées.

Savoir interpréter le langage des fleurs, des arbres, des oiseaux, etc., est un don que peu de personnes possèdent. Mais chacun de vous peut leur parler, et parler aussi aux rochers, aux lacs, aux rivières, aux montagnes. Ce que vous créez dans le monde subtil non seulement par vos paroles, mais par vos pensées, vos sentiments, vos désirs, vos gestes, est un langage, et même l'unique langage réel ; c'est lui qui s'inscrit, qui se grave dans les archives de l'univers, et un jour, évidemment, il produit des résultats.

Vous devez donc toujours « parler », toujours créer, en vous préoccupant seulement que ce soit pour le bien ; à ce moment-là toute la nature est obligée de faire son travail de réalisation, de concrétisation. Car la nature se soumet au Verbe divin.

Le rôle de la forme est de garder le contenu intact ; elle se présente donc comme un récipient, comme une limite. Mais après un certain temps elle finit par devenir une prison. Pour que le contenu ne reste pas immobilisé, emprisonné dans une forme, il faut l'abandonner et déverser ce contenu dans une forme nouvelle.

Dans tous les domaines, le mouvement est la loi de la vie. La vie est un jaillissement perpétuel qui a besoin de nouvelles formes pour s'exprimer. Après un certain temps, c'est elle-même qui casse les formes, car elle a besoin de nouveaux conducteurs pour révéler de nouvelles richesses, de nouvelles lumières, de nouvelles splendeurs. C'est pourquoi, après un certain temps, les formes doivent disparaître pour permettre d'autres nuances, d'autres manifestations plus subtiles.

L'argent, la puissance, la gloire – c'est-à-dire l'élévation sociale – ou le plaisir, voilà le plus souvent le but des activités humaines. Alors, qui m'écoutera quand je dis qu'une activité n'a de sens que si elle contribue à notre élévation morale et spirituelle ?

Cette fin d'année a été l'occasion de faire à la télévision une émission sur « la fête » : on avait réuni des écrivains, des cinéastes, des sociologues, des journalistes, et tous ont dit que la fête, ça fait du bien, parce que ça réunit les gens, ça les détend, les amuse, les change du travail de tous les jours… Ils ne parlaient que de plaisir, de distraction, de passe-temps. Jamais ils n'ont dit que la fête peut être aussi l'occasion de progresser intérieurement, de reprendre en mains les guides de sa destinée, de s'apaiser, de se renforcer, de s'éclairer. Il n'était question que de « se faire plaisir », de « se défouler »… Quand entendra-t-on dire comment la fête peut aussi contribuer à l'élévation, à l'amélioration, à l'ennoblissement de l'être humain ?

Plus vous vous liez à la Source divine, plus vous recevez la visite d'ouvriers célestes qui viennent travailler sur votre corps physique et vos corps subtils afin de vous purifier, de vous apporter la lumière, de renforcer votre volonté... Qu'est-ce qu'un génie ? Un être collectif habité par une multitude d'ouvriers ; aussi est-il qualifié pour faire un travail supérieur.

S'il y a quelque chose que vous devez craindre par-dessus tout, c'est d'offenser les ouvriers divins, car ils commenceront à abandonner cette maison que vous êtes pour eux, et elle périclitera, son capital diminuera. Il ne tient qu'à vous que les ouvriers célestes restent dans votre demeure ou que d'autres même viennent s'y installer. Quand vous commencez à vous lier à la puissance suprême, quand vous placez Dieu au-dessus de toutes choses, vous attirez ces ouvriers célestes, vous devenez maître de vous, fort, sage, plein d'amour, vous recevez des trésors et vous rayonnez dans l'espace cosmique jusqu'aux étoiles...

Note : Sans rejeter la division corps – âme – esprit adoptée traditionnellement en Occident, Omraam Mikhaël Aïvanhov a surtout utilisé la division en six – ou sept – corps, inspirée de la philosophie hindoue. (Le corps éthérique, souvent mentionné, fait partie du corps physique. Voir à ce sujet le chapitre VI de « La vie psychique : éléments et structures »).

Les trois activités fondamentales par lesquelles se caractérise l'homme sont la pensée (qui a pour instrument l'intellect), le sentiment (qui a pour instrument le cœur) et l'action (qui a pour instrument le corps physique). Ne croyez pas que seul le corps physique soit fait de matière : le cœur et l'intellect aussi sont des instruments matériels, seulement leur matière est plus subtile que celle du corps physique.

Une longue tradition ésotérique enseigne que le support, le véhicule du sentiment est le corps astral et celui de l'intellect le corps mental. Mais cette trinité : corps physique, corps astral, corps mental constitue notre nature humaine imparfaite. Ces mêmes facultés de la pensée, du sentiment et de l'action se retrouvent en nous à un niveau supérieur, et là, leurs véhicules sont les corps causal, bouddhique et atmique qui forment notre Moi divin. Les trois grands cercles concentriques indiquent les relations qui existent entre les corps inférieurs et supérieurs.

NATURE SUPÉRIEURE

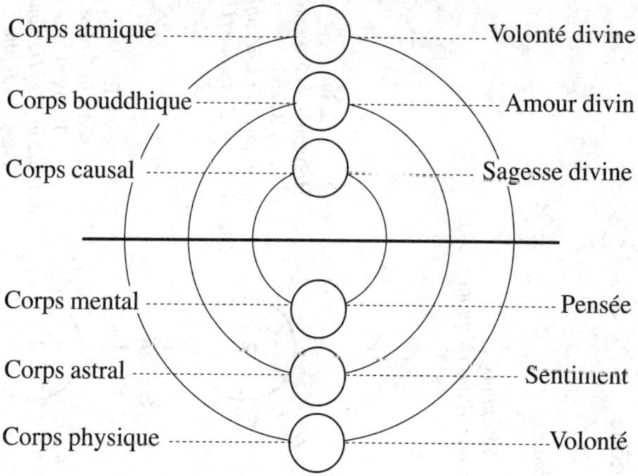

NATURE INFÉRIEURE

Le corps physique qui représente la force, la volonté, la puissance dans le plan matériel est lié au corps atmique qui représente la force, la puissance et la volonté divines.

Le corps astral qui représente les sentiments et les désirs égoïstes et personnels, est lié au corps bouddhique qui représente l'amour divin.

Le corps mental qui représente les pensées ordinaires et intéressées est lié au corps causal qui représente la sagesse divine.

Omraam Mikhaël Aïvanhov

« La vie psychique : éléments et structures » – *N° 222, chap. III, Collection Izvor.*

Arbre séphirotique

1 Ehiéh
Kéther – *la Couronne*
Métatron
H̲ayoth haKodesch – *les Séraphins*
Reschith haGalgali – *les premiers tourbillons (Neptune)*
♆

3 Jéhovah
Binah – *l'Intelligence*
Tsaphkiel
Aralim – *les Trônes*
Chabtaï – *Saturne*
♄

2 Iah
H̲oh̲mah – *la Sagesse*
Raziel
Ophanim – *les Chérubins*
Mazaloth – *le Zodiaque (Uranus)*
♅

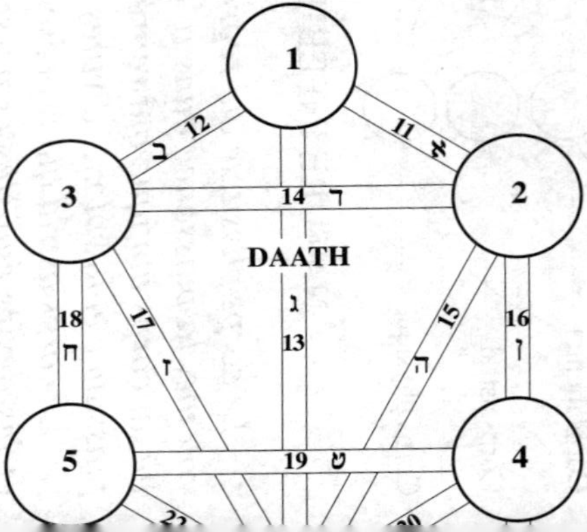

5 Elohim Guibor
Guébourah – *la Force*
Kamaël
Séraphim – *les Puissances*
Madim – *Mars*

4 El
H̲essed – *la Grâce*
Tsadkiel
H̲aschmalim – *les Dominations*
Tsédek – *Jupiter*
♃

8 Elohim Tsébaoth
Hod – *la Gloire*
Raphaël
Bneï-Elohim – *les Archanges*
Kohave – *Mercure*
☿

9 Chadaï-El-Haï
Iésod – *le Fondement*
Gabriel
Kéroubim – *les Anges*
Lévana – *Lune*
☽

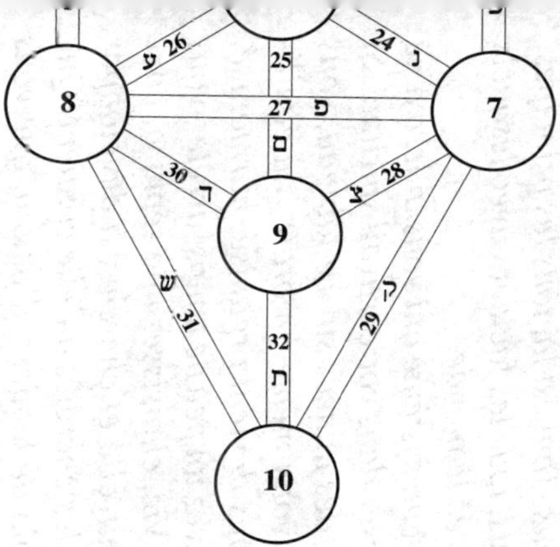

7 Jéhovah Tsébaoth
Netsah – *la Victoire*
Haniel
Elohim – *les Principautés*
Noga – *Vénus*
♀

6 Eloha vaDaath
Tiphéreth – *la Beauté*
Mikhaël
Malahim – *les Vertus*
Chémesch – *Soleil*
⊙

10 Adonaï-Méleh
Malhouth – *le Royaume*
Sandalfon
Ischim – *les Hommes parfaits*
Olam Iésodoth – *Terre*
♁

Note :

L'Arbre de Vie est un schéma symbolique qui résume toute la Science initiatique, les doctrines de tous les Initiés. On peut le comparer à une graine, à une semence : plantez-la, elle fera apparaître devant vous toute la création avec la multitude des créatures. Ce schéma peut devenir un instrument magique, un pantacle parmi les plus puissants. Tout est là, tous les principes, tous les éléments, tous les facteurs avec lesquels le Seigneur a créé le monde.

Vous avez là un système qui vous aidera à ne pas vous disperser dans votre travail spirituel. Si vous travaillez des années sur ce tableau, vous introduisez en vous-même un ordre, un équilibre ; tout en vous devient organisé, harmonisé. Dès que vous avez un peu de temps, arrêtez-vous sur l'Arbre de Vie, choisissez une séphira, concentrez-vous sur elle et cherchez à développer les qualités ou les énergies qu'elle contient. Que vous ayez besoin de lumière, d'amour, que vous ayez besoin de force, de protection, de générosité, de justice ou de vie… adressez-vous à l'Arbre de Vie : il est là à la disposition des fils et des filles de Dieu qui ont besoin de se nourrir de la vie divine.

Omraam Mikhaël Aïvanhov

LES FRUITS DE L'ARBRE DE VIE

Tome 32 – Œuvres Complètes

A

B

C

D

F

G

H

I

O

P

S

W

Du même auteur:

Collection des « Œuvres Complètes »

Tome 1 – La deuxième naissance
Amour, Sagesse, Vérité
Tome 2 – L'alchimie spirituelle
Tome 3 – Les deux arbres du Paradis
Tome 4 – Le grain de sénevé
Tome 5 – Les puissances de la vie
Tome 6 – L'harmonie
Tome 7 – Les mystères de Iésod,
les fondements de la vie spirituelle
Tome 8 – Langage symbolique, langage de la nature
Tome 9 – « Au commencement était le Verbe »
commentaires des Évangiles
Tome 10 – Les splendeurs de Tiphéreth,
le soleil dans la pratique spirituelle
Tome 11 – La clef essentielle
pour résoudre les problèmes de l'existence
Tome 12 – Les lois de la morale cosmique
Tome 13 – La nouvelle terre
Méthodes, exercices, formules, prières
Tome 14 – L'amour et la sexualité *
Tome 15 – L'amour et la sexualité **
Tome 16 – Hrani Yoga
Le sens alchimique et magique de la nutrition
Tome 17 – « Connais-toi, toi-même » Jnani yoga *
Tome 18 – « Connais-toi, toi-même » Jnani yoga **
Tome 19 à 22 – Pensées Quotidiennes
Tome 23 – La nouvelle religion : solaire et universelle *
Tome 24 – La nouvelle religion : solaire et universelle **
Tome 25 – Le Verseau et l'avènement de l'Âge d'Or *
Tome 26 – Le Verseau et l'avènement de l'Âge d'Or **
Tome 27 – La pédagogie initiatique *
Tome 28 – La pédagogie initiatique **
Tome 29 – La pédagogie initiatique ***
Tome 30 – Vie et travail à l'École divine *
Tome 31 – Vie et travail à l'École divine **
Tome 32 – Les fruits de l'Arbre de Vie
La tradition kabbalistique

Du même auteur :

Collection Izvor

200 – Hommage au Maître Peter Deunov
201 – Vers une civilisation solaire
202 – L'homme à la conquête de sa destinée
203 – Une éducation qui commence avant la naissance
204 – Le yoga de la nutrition
205 – La force sexuelle ou le Dragon ailé
206 – Une philosophie de l'Universel
207 – Qu'est-ce qu'un Maître spirituel ?
208 – L'égrégore de la Colombe ou le règne de la paix
209 – Noël et Pâques dans la tradition initiatique
210 – L'arbre de la connaissance du bien et du mal
211 – La liberté, victoire de l'esprit
212 – La lumière, esprit vivant
213 – Nature humaine et nature divine
214 – La galvanoplastie spirituelle et l'avenir de l'humanité
215 – Le véritable enseignement du Christ
216 – Les secrets du livre de la nature
217 – Nouvelle lumière sur les Évangiles
218 – Le langage des figures géométriques
219 – Centres et corps subtils - *Aura, plexus solaire, centre hara...*
220 – Le zodiaque, clé de l'homme et de l'univers
221 – Le travail alchimique ou la quête de la perfection
222 – La vie psychique : éléments et structures
223 – Création artistique et création spirituelle
224 – Puissances de la pensée
225 – Harmonie et santé
226 – Le Livre de la Magie divine
227 – Règles d'or pour la vie quotidienne
228 – Regards sur l'invisible
229 – La voie du silence
230 – Approche de la Cité céleste - *Commentaires de l'Apocalypse*
231 – Les semences du bonheur
232 – Les révélations du feu et de l'eau
233 – Un avenir pour la jeunesse
234 – La vérité, fruit de la sagesse et de l'amour
235 – « En esprit et en vérité »
236 – De l'homme à Dieu - *Séphiroth et hiérarchies angéliques*
237 – La Balance cosmique - *Le nombre 2*
238 – La foi qui transporte les montagnes
239 – L'amour plus grand que la foi
240 – Qu'est-ce qu'un fils de Dieu ?
241 – La pierre philosophale - *des Évangiles aux traités alchimiques*
242 – Aux sources inaltérables de la joie

Du même auteur :

Livre - CD

S801 – Parole Solaire

Textes choisis, lus par l'auteur, et accompagnés de chants et musiques du Maître Peter Deunov.

Disques compacts (Conférences improvisées)

CD5001FR – Le sens cosmique, mystique et historique de Noël
CD5002FR – L'importance de l'ambiance
CD5003FR – La science de l'éducation
CD5004FR – La prière
CD5005FR – La loi de l'enregistrement
CD5006FR – La véritable vie spirituelle
CD5007FR – L'aura
CD5008FR – La mission de l'art
CD5009AN – The Seed *(en anglais)*
CD5010FR – Déterminisme et indéterminisme
CD5011FR – La vraie beauté
CD5012FR – Introduction à l'astrologie initiatique *(triple CD)*
CD5013FR – L'Éternel Printemps
CD5014FR – La méditation *(triple CD)*
CD5015FR – Messages et conférence
CD5016AN – The Role of the Mother during Gestation *(en anglais – double CD)*
CD5017FR – Le bonheur
CD5018FR – La réincarnation *(triple CD)*

Éditeur-Distributeur

Éditions Prosveta S.A. - B.P. 12 – F - 83601 Fréjus CEDEX (France)
Tél. (33) 04 94 19 33 33 – Fax (33) 04 94 19 33 34
E-mail: international@prosveta.com
Site Internet: http://www.prosveta.com

Distributeurs

ALLEMAGNE
PROSVETA Verlag GmbH – Heerstrasse 55 – 78628 Rottweil
Tél. (49) 741-46551 – Fax. (49) 741-46552 – e-mail: prosveta7@aol.com

AUSTRALIE
SURYOMA LTD - P.O. Box 2218 – Bowral – N.S.W. 2576 Australie
e-mail: info@suryoma.com – Tél. (61) 2 4872 3999 – Fax. (61) 2 4872 4022

AUTRICHE
HARMONIEQUELL VERSAND – Hof 37 – A- 5302 Henndorf am Wallersee
Tél. / Fax. (43) 6214 7413 – e-mail: info@prosveta.at

BELGIQUE & LUXEMBOURG
PROSVETA BENELUX – Liersesteenweg 154 B-2547 Lint
Tel (32) 3/455 41 75 – Fax (32) 3/454 24 25 – e-mail: prosveta@skynet.be
N.V. MAKLU Somersstraat 13-15 – B-2000 Antwerpen
Tel. (32) 3/231 29 00 – Fax (32) 3/233 26 59
VANDER S.A. – Av. des Volontaires 321 – B-1150 Bruxelles
Tél. (32)(0)2 732 35 32 – Fax. (32) (0)2 732 42 74 – e-mail: g.i.a@wol.be

BULGARIE
SVETOGLED – Bd Saborny 16 A, appt 11 – 9000 Varna
e-mail: vassil100@abv.bg – Tél. / Fax. (359) 52 63 90 94

CANADA
PROSVETA Inc. – 3950, Albert Mines – Canton-de-Hatley (Qc), J0B 2C0
Tél. (819) 564-8212 – Fax. (819) 564-1823
in Canada, call toll free: 1-800-854-8212
e-mail: prosveta@prosveta-canada.com / www.prosveta-canada.com

CHYPRE
THE SOLAR CIVILISATIONBOOKSHOP – BOOKBINDING
73 D Kallipoleos Avenue – Lycavitos – P. O. Box 24947, 1355 – Nicosia
e-mail: cypapach@cytanet.com.cy – Tél. / Fax. 00357-22-377503

COLOMBIE
PROSVETA – Calle 149 N° 24 B - 20 – Bogotá
Tél. (57) 1 614 88 28 – Fax. (57) 1 633 58 03 – Mobile (57) 310 2 35 74 55
e-mail: kalagiya@tutopia.com

CÔTE D'IVOIRE
Concept Afrique – Livres Prosveta
25 rue Paul Langevin Zone 4C – 01 Abidjan – e-mail: prosvetafrique@yahoo.fr

ESPAGNE
ASOCIACIÓN PROSVETA ESPAÑOLA – C/ Ausias March n° 23 Ático
SP-08010 Barcelona – Tél. (34) (93) 412 31 85 – Fax. (34) (93) 318 89 01
e-mail: aprosveta@prosveta.es

ÉTATS-UNIS

PROSVETA US Dist.
PO Box 2125 – Canyon Country CA 91386
Tél. (661)252-1751 – Fax. (661) 252-9090
e-mail: prosveta_usa@earthlink.net / www.prosveta-usa.com

FRANCE – DOM TOM

Éditions Prosveta S.A. - B.P. 12 – F - 83601 Fréjus CEDEX (France)
Tél. (33) 04 94 19 33 33 – Fax (33) 04 94 19 33 34
e-mail: international@prosveta.com – www.prosveta.com

GRANDE-BRETAGNE – IRLANDE

PROSVETA – The Doves Nest, Duddleswell Uckfield – East Sussex TN 22 3JJ
Tél. (44) (01825) 712988 – Fax. (44) (01825)
e-mail: prosveta@pavilion.co.uk

GRÈCE

RAOMRON – D. RAGOUSSIS
3, rue A. Papamdreou – C.P. 16675 – Glifada - Athènes
Tél. / Fax. (010) 9681127 – e-mail: raomron@hol.gr

HAÏTI

PROSVETA – DÉPÔT – B.P. 115, Jacmel, Haiti (W.I.)
Tel./ Fax (509) 288-3319 – e-mail: haiti@prosveta.com

ISRAËL

Zohar, P.B. 1046, Netanya 42110 – e-mail: zohar7@012.net.il

ITALIE

PROSVETA Coop. a r.l. – Casella Postale 55 – 06068 Tavernelle (PG)
Tel. (39) 075-835 84 98 – Fax (39) 075-835 97 12 – e-mail: prosveta@tin.it

LIBAN

PROSVETA LIBAN – P.O. Box 90-995
Jdeidet-el-Metn, Beirut – Tel. (03) 448560 – e-mail: prosveta_lb@terra.net.lb

NORVÈGE

PROSVETA NORDEN – Postboks 318, N-1502 Moss
Tél. (47) 69 26 51 40 – Fax. (47) 69 26 51 08
e-mail: prosnor@online.no

PAYS-BAS

STICHTING PROSVETA NEDERLAND
Zeestraat 50 – 2042 LC Zandvoort
Tél. (31) 33 25 345 75 – Fax. (01) 33 25 803 20
e-mail: prosveta@worldonline.nl

PORTUGAL & BRÉSIL

EDIÇÕES PROSVETA
Rua Passos Manuel, n° 20 – 3e E, P 1150 – 260 Lisboa
Tél. (351) (21) 354 07 64 – Fax. (351) (21) 798 60 31
e-mail: prosvetapt@hotmail.com
PUBLICAÇÕES EUROPA-AMERICA Ltd
Est Lisboa-Sintra KM 14 – 2726 Mem Martins Codex

RÉPUBLIQUE TCHÈQUE

PROSVETA – Ant. Sovy 18 – Ceské Budejovice 370 05
Tél. / Fax. (420) 38-53 10 227 – e-mail: prosveta@iol.cz

ROUMANIE
ANTAR – Str. N. Constantinescu 10 – Bloc 16A - sc A - Apt. 9
Sector 1 – 71253 Bucarest
Tél. 004021-231 28 78 – Tél. / Fax. 004021-231 37 19
e-mail: antared@pcnet.ro

RUSSIE
EDITIONS PROSVETA
143 964 Moskovskaya oblast, g. Reutov – 4, post/box 4
Tel./ Fax. (095) 525 18 17 – Tel. (095) 795 70 74 – e-mail: prosveta@online.ru

SUISSE
PROSVETA Société Coopérative
Ch. de la Céramone 3A – CH - 1808 Les Monts-de-Corsier
Tél. (41) 21 921 92 18 – Fax. (41) 21 922 92 04
e-mail: prosveta@swissonline.ch

VENEZUELA
PROSVETA VENEZUELA C. A. – Calle Madrid
Edificio La Trinidad – Las Mercedes – Caracas D.F.
Tél. (58) 414 22 36 748 – e-mail: prosve@prosvetavenezuela.com

Si vous ne pouvez joindre un de ces distributeurs, consultez le site internet www.prosveta.com

L'association Fraternité Blanche Universelle
a pour but l'étude et l'application de l'Enseignement
du Maître Omraam Mikhaël Aïvanhov édité et diffusé
par les Éditions Prosveta
Pour tout renseignement sur l'Association, s'adresser à:

Secrétariat F.B.U.
2 rue du Belvédère de la Ronce
F - 92310 SÈVRES, FRANCE
Tel. (33) 01 45 34 08 85 – Fax (33) 01 46 23 09 26
E-mail: fbu@fbu.org – Site internet - http://www.fbu.org

Achevé d'imprimer en juin 2005
par DUMAS-TITOULET Imprimeurs
Saint-Etienne – France

Dépôt légal : juin 2005